Neue

Kleine Bibliothek 32

Manfred Henle/
MobyDick-Arbeitsgruppe
Stadtjugendring Augsburg

(R)Ausländer aus

Argumente gegen Rechtsextremismus und Rassismus

PapyRossa Verlag

Man sollte nur den bewiesenen Wahrheiten zustimmen
(Blaise Pascal, 1658)

Umschlag: Lux siebenzwo Hölzel/Kubowitz
Satz: Fotosatz Klaußner GmbH, Köln
Druck: Interpress

Die Deutsche Bibliothek – CIP-Einheitsaufnahme

(R)Ausländer aus : Argumente gegen Rechtsextremismus und Rassismus / Manfred Henle ; MobyDick-Arbeitsgruppe Stadtjugendring Augsburg - Köln : PapyRossa-Verl., 1993
(Neue Kleine Bibliothek ; 32)
ISBN 3–89438–056–X
NE: Henle, Manfred; Stadtjugendring ‹Augsburg› / MobyDick-Arbeitsgruppe; (R)Ausländer aus; GT

Inhalt

Vorwort 7

1. Selbstbehauptung, Souveränität oder: Welches Land wird Nr. 1? 10
2. Wer den Frieden will, der bereite den Krieg vor . 17
3. Nationale Identität, Überfremdung und ethnische Säuberung – oder: Das Boot ist voll 22
4. Kopftuchsolidarität – multikulturell = multikonfliktuell? 30
5. Von Feinden und Freunden 37
6. Ausländerfeindlichkeit oder: Die Natur des Menschen 42
7. Erziehung zur Unmündigkeit 59
8. Weniger Demokratie ist besser – wozu, für wen? . 65
9. Eliten – Nichteliten: Die Gleichheit der Ungleichen 69
10. Nationalstolz, Patriotismus 73
11. Patriotismus ist Umweltschutz 82
12. Das geliebte Volk 85
13. Unser nationales Interesse 90
14. Im Jahr 2000 ein orientalischer Kanzler 95
15. Europa der Vaterländer gegen den Rest der Welt . 98
16. Weltbevölkerung: 4,8 Milliarden Nichteuropäer oder: Wer ist zuviel? 103
17. Mädchen und Frauen – wofür, wozu? Demographische Mobilmachung 106
18. Konzentrationslager, Hiroshima 132
19. Schluß: Das Glück der Menschen 136

Anmerkungen 137
Literatur 141

Vorwort

Rechtsextreme Anschauungen, Behauptungen und Politik sind über das Stadium einer anfänglichen Bewegung und Renaissance längst hinausgewachsen. In vielen europäischen Ländern, nicht zuletzt auch in Deutschland, suchen zahlreiche junge Menschen, aber auch viele Erwachsene, ihr Heil im Rechtsextremismus. In der Öffentlichkeit fast aller europäischen Länder sind rechtsextreme Thematik und Politik zu einigen Ehren gekommen. Und in Ost-, in West-, in Nord- und in Südeuropa haben Jugendliche und Erwachsene daraus praktische, handgreifliche, gewalttätige Folgerungen gezogen: bleibende Ergebnisse einer neuen Öffentlichkeit, eines neuen Zeitgeistes?

Prinzip dieses Buchs ist: Die rechtsextremen Aussagen und Behauptungen selbst, die allein sind erst einmal zu prüfen. Daher ist die Frage, wer wann und wo diese oder jene rechtsextreme Behauptung aufgestellt hat, nebensächlich und auch nicht Gegenstand der Untersuchung. Die Behauptung, und nur sie soll auf ihren Wahrheitsgehalt hin geprüft und widerlegt werden. So nur verliert sie Beweiskraft und Überzeugungsfähigkeit. Deshalb verfolgt das Buch auch nicht die berühmten »geistesgeschichtlichen« oder sonstigen Wurzeln, Väter oder Ursprünge rechtsextremer Behauptungen: Die Bekanntschaft mit Gobineau, den Theoretikern der »konservativen Revolution« (van den Bruck, H. Freyer, E. Jünger . . .), der Biologie, der Anthropologie oder der Ethologie (K. Lorenz, A. Gehlen, J. Eibl-Eibesfeldt) erklärt sicher nicht die geld- und währungspolitisch begründete Ablehnung des »Gipfels von Maastricht« durch die jeweiligen nationalen Rechtsextremismen. Um den Wahrheitsgehalt von Behauptungen der FPÖ, der Front National, der »Republikaner«, der MSI, der norditalienischen Lega-Bewegung (Lega Lombarda, Lega Veneta), des Vlaams Blok, der Pamjat, der Vatra Romaneasca, des (groß-)serbischen oder (groß-)-

kroatischen oder (groß-)albanischen oder slowakischen oder tschechischen . . . »Weges« zu prüfen, ist es nicht notwendig, Benito Mussolini, »Mein Kampf« oder das Programm der NSDAP zu kennen. Jeder (nationale) Rechtsextremismus fordert eine bestimmte Welt-, Außen- und demgemäße Innenpolitik. Dieses Programm wird mit allen möglichen Behauptungen begründet und gerechtfertigt; also stehen diese Behauptungen, und nur sie, auf dem Prüfstand. *Ihnen* soll die Überzeugungskraft genommen werden. An ihnen selbst soll bewiesen werden, daß es keinen Grund gibt, sich für sie zu begeistern.

Auch verfolgt das Buch nicht die Frage, warum rechtsextreme Politik bei Jugend und Erwachsenen in Europa zunehmende Anerkennung und Zustimmung genießt. Das wäre Gegenstand einer besonderen Untersuchung. Andererseits liegt in rechtsextremer Weltanschauung und Politik zumindest ein Teil der Antwort schon bereit. Die Menschen müssen Anschauungen und Behauptungen, mit denen rechtsextreme Politik operiert, schon teilen, plausibel, richtig, vernünftig oder »wahr« finden, um dieser Politik zuzustimmen oder für sie Partei zu ergreifen. Um zu wissen, »wie das möglich ist«, empfiehlt es sich also, erst einmal zur Kenntnis zu nehmen, *was* diese Politik nun behauptet oder sagt – ganz ebenso – wie »Mein Kampf« schon jede Menge Auskunft darüber gibt, wie es »damals möglich war«.

Entstanden ist das Buch unter Mitarbeit der MobyDick-Arbeitsgruppe, bestehend aus Jugendlichen verschiedener Nationalitäten in Augsburg. Ohne sie, ohne Almira Sljivic (19 Jahre), Aida Sljivic (23 Jahre), Christian Merkl (18 Jahre), Düzgün Polat (18 Jahre), Erdinc Cin (18 Jahre), Ercan D. (21 Jahre), Hasan Delil (20 Jahre), Resat Cadirli (18 Jahre), Sinan Bozkurt (20 Jahre) und Salvatore Raffiti (18 Jahre), wäre das Buch nicht in dieser Form entstanden. Ihrer nun vierjährigen Mitarbeit, auch bei der manchmal mühsamen Lektüre von Macchiavelli, Bodin, Hobbes, Descartes, Spinoza oder Kant, hat das Buch viel zu verdanken. Und so wendet sich das Buch zunächst an junge Erwachsene – bei weitem aber nicht nur an sie.

Die MobyDick-Arbeitsgruppe hofft, daß sie sich inzwischen von jedem Nationalstolz, von jedem nationalen Patriotismus – *die* Voraussetzung rechtsextremer Politik nämlich –, freigeschwommen hat. Auch dazu diente die fast vierjährige Beschäftigung mit diesem Thema.

Jedem Kapitel sind Zitate, Behauptungen des Rechtsextremismus aus verschiedenen europäischen Ländern vorangestellt, besonders auch aus Deutschland. Die Kapitel sind im Grunde Prüfung dieser Behauptungen.

Manfred Henle

1. Selbstbehauptung, Souveränität oder: Welches Land wird Nr. 1?

. . . der anarchische Charakter der internationalen Beziehungen und die Verpflichtung zum Egoismus für die Völker, die in einer Welt im »Naturzustand« überleben wollen

(du Verdrier, 1991, Frankreich)[1]

Weil nun einmal das menschliche Leben ein Kampf und der Mensch ein Kämpfer ist

(C. Schmitt, 1932, Deutschland)[2]

Ohne Stärke gibt es kein Überleben, weil alle Nationen, alle Menschen wie jeder lebende Organismus – entweder wachsen oder schrumpfen . . . wenn ein Staat nicht untergehen will, muß er seine Ausbreitung suchen

(B. Mégret, 1988, Frankreich)[3]

. . . das Leben der Nationen wie das der kleinsten lebenden Zellen ist ein Kampf . . .

(Le Pen, 1989, Frankreich)[4]

Ohne Selbstbehauptungswillen kein politischer Erfolg . . . unsere Selbstbehauptung als Nation

(NPD, 1970, Deutschland)[5]

Der Verlust unserer Souveränität

(E. Powell, 1982, Großbritannien)[6]

Die nationale Souveränität: ein unantastbares Prinzip

(Programme du Front National, 1985, Frankreich)[7]

Kein Verzicht auf nationale Souveränität

(Deutsche Rundschau, 1992, Deutschland)[8]

Das ist sie, die gesamte Weltanschauung des Rechtsextremismus: ihm ist die moderne Welt nichts als ein **Kampfplatz,** ein **Naturzustand,** in dem alle Länder, alle Völker, alle Staaten und Nationen gegeneinander stehen. Jedes Land, jede Nation will überlegen, stärker und mächtiger sein als die anderen. Alle sind sie sich im Grunde Konkurrenten oder Gegner. Und die Freundschaften, Pakte oder Bündnisse, die es zuweilen zwischen den Staaten gibt, die gelten auch nur solange, wie es die eigene nationale Berechnung auf Machtausbreitung gebietet. So und nur so, meint der Rechtsextremismus, sei Politik, Weltpolitik, zu machen. In jedem Land – in Frankreich und in Deutschland, in Belgien und in Österreich, in Italien und in Großbritannien, in Polen, in Rumänien, in Serbien, in Kroatien, in Albanien, in Rußland, in Ungarn . . . – überall in Europa ruft er dazu auf, die eigene Nation müsse sich unbedingt vergrößern, mächtiger sein und werden als die anderen. **Mehr Souveränität, mehr Handlungsfreiheit, damit die eigene Nation nicht untergehe wegen der Überlegenheitspolitik der anderen,** wird das dann genannt. Denn **Bedrohung** und **Gefahr,** das sind ja immer nur die anderen: *die* gefährden den Bestand, das Überleben der Nation. Und da jeder Rechtsextremismus in jedem Land vor der Bedrohung durch die anderen warnt, so weiß kein Mensch, woher die Bedrohung eigentlich kommen soll – wenn nicht von dieser Politik selbst, die mit der Behauptung des Bedrohtseins ihre Machterweiterungspolitik betreibt, also die Bedrohung ist.

Rechtsextreme Politik behauptet den Konkurrenzkampf der Nationen auf dem Weltmarkt und um Weltmacht als ein unabänderliches und ewiges Naturgesetz. Ihr Überlegenheitsprogramm stellt sie dar als objektiven Sachzwang und als Dienst an der Natur. Die soll ihr höherer Auftraggeber sein. Damit will sich diese Politik als die einzig wahre, weil naturnotwendige, feiern und rechtfertigen. So verwandelt sie die Entschlossenheit zum Überlegensein, den Willen nach Machterweiterung des eigenen Landes, in eine ganz und gar unschuldige **Sach-** oder **Naturnotwendigkeit.** Auf diese Weise hält sie sich für gerechtfertigt. Aber **die Natur** zwingt die Nationen zu nichts. Sie hat sich nicht ausgedacht, der Konkurrenzkampf der Nationen sei genau das Richtige für diesen Planeten und seine Bewohner. Der Natur ist die Weltgeschichte ebenso egal wie ihr gleichgültig ist, was rechtsextreme Politik darin will oder soll. Die Natur schert sich nicht um die Weltgeschichte, sie hat ihre eigenen Gesetze. Weltgeschichte zu machen, sie rechtsextremen Gesetzen zu unterwerfen, das überläßt sie dieser Politik. Nichts weiß die Natur vom rechtsextremen Wunsch nach Konkurrenzkampf der Nationen um Weltmarkt und um Weltmacht. Mit der Bedrohung der Menschheit durch die Ziele dieser Politik hat sie nichts zu tun. In keinem Biologie- oder Chemiebuch hat die Natur deshalb ein Wort über den Weltmachtanspruch rechtsextremer Politik verloren. In keinem Biologie- oder Chemiebuch gibt sie Anweisungen darüber, wie mal Freundschaften, mal Feindschaften unter den Nationen ausgehandelt, erklärt, eingehalten und wieder beendet werden. Es kümmert sie nicht, was Politik und Bevölkerungen mit der Weltgeschichte anstellen, wie sie Weltgeschichte schreiben oder zu schreiben gedenken. Und die Behauptung, **biologischen Zellen, dem Menschen und den Nationen** läge der innere Trieb nach (Welt-)Machtausbreitung zugrunde, ist kein Gesetz der Natur, sondern Grundsatz rechtsextremer Politik.

Rechtsextremismus, nationale Souveränität, Bedrohung, Natur: immer dann, wenn der Rechtsextremismus vom (natürlichen) **Überlebenskampf**, von **Verteidigung**, vom **Recht auf Selbstbestimmung**, von drohender **Versklavung**, von **mangelnder Souveränität**, von der notwendigen **Selbstbehauptung** des eigenen Landes, der Nation, des Volkes redet; immer dann, wenn es heißt: das Leben, die Welt, der Mensch, die Geschichte, das Universum . . . sei ein ewiger, ein unausweichlicher **Kampf**; immer dann, wenn es heißt: der **Kampf** sei ein **göttliches**, ein **biologisches**, ein **anthropologisches**, ein **existentielles**, ein **universelles Gesetz**; immer dann will diese Politik ihr welt- und außenpolitisches Programm der Überlegenheit und Machtausbreitung in die Unschuld einer (Natur-)Notwendigkeit verkehren; immer dann darf die eigene Bevölkerung sicher sein, daß von ihr etwas verlangt wird, wovon sie nichts hat. Sonst hätte es diese Politik nicht nötig, sich selbst und ihren Weltmachtanspruch als naturnotwendig zu ehren und zu rechtfertigen; sonst müßte diese Politik nicht immerzu betonen, daß die eigene **nationale Souveränität,** die unbedingte Handlungsfreiheit der Nation nach außen und nach innen, ein heiliges, ein **unantastbares Prinzip** ist und zu bleiben hat – auch gegenüber der eigenen Bevölkerung.

Deutschland zuerst, Deutsche Interessen haben Vorrang
(Republikaner, 1989, Deutschland)[9]

. . . des fortbestehenden Deutschen Reiches in allen seinen Teilen fordern
(Republikaner-Programm, 1987, Deutschland)[10]

Wie mächtig wird Deutschland? Unsere große Zukunft
(Deutsche Wochen-Zeitung, 1990, Deutschland)[11]

Kärntner und Österreicher sind Angehörige des großen deutschen Volkes, das . . . in der Welt verbreitet ist. Hiervon siedeln 90 Millionen . . . in Mitteleuropa, die anderen in vielen nichtdeutschen Staaten auf allen Kontinenten. Insgesamt eine große Nation . . .
(Kärntner Nachrichten, 1983, Österreich)[12]

. . . die Heimat Österreich gehört zum deutschen Kulturraum
(Lorenzener Erklärung, 1989, Österreich)[13]

Mit Optimismus in die Zukunft: Für eine . . . starke Schweiz
(Auto-Partei, 1989, Schweiz)[14]

unser Volk zuerst
(Vlaams Blok, 1988, Belgien)[15]

Frankreich und die Franzosen zuerst
(Le Pen, 1985, Frankreich)[16]

. . . die Verteidigung französischer Interessen überall in der Welt zu sichern . . . um in Afrika, im Tschad, im Mittleren Osten, im Libanon einzugreifen . . .
(Programme du Front National, 1985, Frankreich)[17]

Deutschland zuerst, Österreich zuerst, Belgien zuerst, Frankreich zuerst, Italien zuerst, Großbritannien zuerst: immer das eigene Land, die eigene Nation gegen die anderen.

Die sind die Konkurrenten, also der mögliche oder wirkliche Gegner. Deshalb entscheidet auch die **Macht** oder die **Gewalt** – modern gesprochen: die **Souveränität** – darüber, wer Sieger oder Verlierer sein wird. Das ist die ganze Philosophie des Rechtsextremismus. Die **eigene Nation** immer größer und mächtiger als die anderen – denn die wollen ja dasselbe wie sie selbst, nur gegen sie: eine Welt lauter feindseliger Nationen und Bevölkerungen, hätte der Rechtsextremismus das politische Ruder in der Hand.

Die eigene Nation kann ökonomisch und politisch nicht groß, nicht mächtig genug sein. Das benötigt außen- und weltpolitische Souveränität. Über **zuwenig Souveränität** wird dann geklagt, mehr **Souveränität** wird dann gefordert. Deshalb **Deutschland in allen seinen Teilen.** Dabei ist für diese Politik noch gar nicht entschieden, wo Deutschland all seine Teile hat. Deutsche Teile, also deutsche Machtansprüche gelten dann überall dort, in Europa, ja in der ganzen Welt, wo irgendetwas deutsch aussieht oder deutsch sein könnte: deutsche Sprache, deutsche Kultur, deutsche Vergangenheit / Erbe / Geschichte / Tradition, deutsche Tänze, deutsche Musik, deutsches Bier . . . Zum Beispiel in Österreich, in Südtirol, in Elsaß-Lothringen, in Polen, in Holland, in Luxemburg, im Baltikum und anderswo, überall auf der Welt. In Österreich heißt dasselbe Programm: Österreich wäre eine um so wichtigere und mächtigere Nation, je mehr es sich dem **deutschen Kulturraum**, also der Größe Deutschlands **anschließen** könnte. Mit Deutschland zusammen wäre Österreich doch noch recht souverän, doch noch weltweit vertreten. In Belgien wird rechtsextrem davon geträumt, daß Belgiens Macht sich erweitern würde, könnte es sich mit Holland zu einer belgisch-großniederländischen Vereinigung zusammenschließen. Und Frankreichs Rechtsextremismus, auch nicht unbescheiden, will ebenfalls, daß er mitsamt der Nation in der ganzen Welt vertreten sei. Frankreichs Interessen seien in der ganzen Welt anwesend, also müßten sie auch überall gesichert werden. Offenbar weiß keiner so genau, wie Frankreichs Interessen ausgerechnet nach Afrika, nach Indochina, nach Übersee, in die Karibik, in den Mittleren Osten und zum Muroroa-Atoll gekommen sind und was sie dort verloren haben. Wie die dortigen Bevölkerungen dazu stehen, ist auch nicht weiter von Bedeutung. Die werden nicht gefragt, sondern dort wird zuweilen eingegriffen. Das **Eingreifen,** wann immer man will, sichert und stärkt den Einfluß Frankreichs in der Welt. Und wenn der französische Rechtsextremismus die Aufgabe ehemaliger Kolonien in Indochina und in Afrika als Verlust und als Verrat an der Größe der Nation beklagt, so ist er zugleich davon überzeugt, daß nichts endgültig verloren ist: Schließlich hat die Nation ein Recht auf Überlegenheit in der Welt.

Ökonomische und politische Großmacht oder Weltmacht werden – so lautet das weltpolitische Programm des Rechtsextremismus in jedem Land. Außenpolitik und internationale Politik als Konkurrenzkampf auf dem Weltmarkt und um Weltmacht: das ist oberstes Ziel und Inhalt des Rechtsextremismus in Europa. So stellt diese Politik die Länder und die Bevölkerungen gegeneinander. Ein friedloses Programm, trotz allen rechtsextremen Geredes vom Frieden. Denn wenn es eine Bedrohung für die Welt gibt, dann die Großmacht- oder Weltmachtpläne rechtsextremer Politik, die den Konkurrenzkampf der Nationen will.

Wenn es also heißt: **deutsche, französische, österreichische, belgische, italienische . . . Interessen zuerst,** dann heißt das zunächst: das **nationale** Interesse, nicht das individuelle Interesse, nicht die Bedürfnisse der Bevölkerungen zuerst; dann ist das ein politisches Programm nicht nur gegen andere Bevölkerungen, sondern immer auch gegen die Bevölkerung im eigenen Land: denn diese braucht die rechtsextreme Weltpolitik für ihre Ziele, für die sogenannte »Durchsetzung des **nationalen** Interesses« nach außen. So soll die Bevölkerung im eigenen Land von dieser Politik für diese Politik benutzt werden. Dazu muß von der eigenen Bevölkerung einiges verlangt werden – im Intersse dieser nationalen Außen- oder Weltpolitik.

2. Wer den Frieden will, der bereite den Krieg vor

. . . daß die Völker sich nach dem Gegensatz Freund–Feind gruppieren . . ., kann man vernünftigerweise nicht leugnen
C. Schmitt, 1932, Deutschland)[18]

Gewalt ist ein Mittel der Politik
(Junge Freiheit, 1991, Deutschland)[19]

Politik ist die Kunst, das Überleben der Nation zu sichern
(Programme du Front National, 1985, Frankreich)[20]

Der bewaffnete Friede will Stärke. Wir haben keine Wahl, der Militarismus ist unausweichlich
(Ch. Maurras, 1913, Frankreich)[21]

Der militärischen Gesellschaft ihren Platz in der Nation zurückgeben . . .
(Le Gallou, 1984, Frankreich)[22]

Wenn Du den Frieden willst, dann bereite den Krieg vor
(Le Pen, 1989, Frankreich)[23]

Krieg ist eben Krieg, leider!
(Le Pen, 1985, Frankreich)[24]

Aber das Kriegshandwerk ist nun mal kein Zuckerlecken. Die Übergänge zwischen notwendiger Härte und unnötiger Grausamkeit sind fließend
(F. Schönhuber, 1983, Deutschland)[25]

Die Völker nur nach dem Gegensatz Freund–Feind denken und dieses Denken **vernünftig** nennen, das kann rechtsextreme Politik, weil sie es nicht anders will. Den eigenen Weltmachtplänen gibt diese Politik nur ehrenvolle, nur friedliche und nur unschuldige Namen. Die rechtfertigen die eigenen Großmachtpläne, indem sie sie in gute Absichten umtaufen, womit zugleich die Schlechtigkeit der anderen bewiesen ist. Wenn die eigene Politik nur gut ist und nur das Gute, das Schöne, das Wahre will, dann können die anderen nur das Schlechte, das Unfriedliche, das Unwahre wollen: die anderen sind die Gefahr, die Bedrohung. Also kämpft die eigene Politik, die eigene Nation ja nur um **nationale Würde** und **Ehre;** einen **(nationalen) Befreiungskampf** oder, kürzer, um ihre **Freiheit;** gegen **Fremdherrschaft, fremde Herrscher, Besatzer, Besatzungsmächte, Kolonialmächte;** um ihr (gutes) **Recht** und um den **Frieden** sowieso und immerzu; um ihr **Naturrecht auf Gleichberechtigung** und **Selbstbestimmung;** um ihre **(volle) Souveränität.** So verkehrt rechtsextreme Sprachpolitik den eigenen Willen nach Überlegenheit und Machtausbreitung in sein schieres Gegenteil: in **Unterlegenheit,** in **Fremdbestimmung,** in **Abhängigkeit,** in **Selbstbehauptung,** in **Verteidigung** des **Überlebens** der Nation und des weltweiten Friedens.

Wie jedermann predigt auch der Rechtsextremismus den Frieden. Aber diese Politik will den Gegensatz der Nationen. Demgemäß sieht ihre Friedenserhaltung aus. Wird der Überlegenheitskampf der Nationen nicht kriegerisch geführt, dann herrscht Friede, Friede als Waffenstillstand. Das ist er, der rechtsextreme Friede. Der kann allerdings nur **verteidigt** und **gesichert** werden, indem zu **Stärke,** zur **Auseinandersetzung,** zum **Krieg** vorbereitet wird. Wer einen solchen Frieden will, der muß auch zu allem, zum letzten Gefecht bereit sein. Denn der rechtsextreme, der bewaffnete Friede lebt vom Gegensatz der Nationen. Dieser »Friede« braucht die Macht, die Überlegenheit über die anderen. Wer diesen Frieden will, der hat tatsächlich keine andere Wahl: **der Militarismus ist unausweichlich.** Er ist nämlich das notwendige Produkt dieses Friedens. Und da ist **Gewalt** notwendigerweise ein **Mittel** dieser (Friedens-)Politik.

Einen anderen Frieden als den eigenen kann rechtsextreme Politik nicht kennen: die eigene Nation soll ja größer und mächtiger sein als die anderen. Ein vernünftiger Friede, der keine Waffen braucht, ist deshalb undenkbar, unmöglich: **utopisch** – in der Sprache dieser Politik; und Friedensliebe, **Pazifismus,** gilt als **Gefahr** und als **Verrat** an der Nation. Deshalb ist in allen rechtsextremen Programmen aller Länder die Bewaffnung der Nation **notwendig.** Da kann keine Bewaffnung gut genug sein: **Krieg ist eben Krieg, leider**. Und wo dieser Standpunkt einmal herrscht, da gilt dann folgerichtig . . . **das Kriegshandwerk ist nun mal kein Zuckerschlekken** (F. Schönhuber) – **Härte und unnötige(!) Grausamkeit** sind immer mit dabei. So sichert **kunstvolle** Politik das Überleben . . . der Nation. Und nicht einmal das ist sicher, weil die anderen Nationen erklärtermaßen dasselbe wollen wie die eigene, aber gegen sie – hätte der Rechtsextremismus das große Wort in der Weltgeschichte. Redet er also vom Frieden, von Völkerverständigung, von Völkerfreundschaft, so ist das ein Mythos: denn das, was er Frieden nennt, ist nichts als ein vorläufiger Waffenstillstand im Konkurrenzkampf der Nationen. Deshalb kennt der Rechtsextremismus Frieden nicht als Ziel oder Zweck der Politik. Sein Friede ist, ebenso wie der Krieg, ein zuweilen notwendiges Mittel erfolgreicher nationaler Außen- oder Weltpolitik. Oder, nach einem berühmten, inzwischen vergessenen Wort: Frieden und Krieg als Fortsetzung der Politik, als bestimmte strategische Mittel erfolgreicher nationaler Politik.

Deutschland in allen seinen Teilen in aller Welt; Österreich an Deutschland angeschlossen; Frankreichs und Großbritanniens Interessen und Eingreifen in aller Welt; genauso **Italien . . .** Wer diese außenpolitischen Ziele und Programme hat, der kann das schlecht alleine, der braucht tätige und wirksame Mithilfe. Dafür sind die Bevölkerungen vorgesehen. Die wissen meist noch nichts von den großen Aufgaben, die auf sie warten. Diese müssen ihnen erst einmal bekanntgemacht und erklärt werden. Denn die Bevölkerungen sind es, und nur sie, die rechtsextreme Außen- und Weltpolitik ermöglichen und verwirklichen. Weil aber die Ziele und Programme dieser Politik etwas anderes sind als das, was die Bevölkerungen für ihr Leben brauchen, sind die Menschen aller Länder ziemlich unvorbereitet. So müssen sie erst einmal erzogen werden: **geistig-moralische Erneuerung** oder **Wende; nationale Selbstbesinnung, Renaissance, Wiedererwachen der Nationen,** lauten dann die Parolen überall.

Die Macht rechtsextremer Politik und die Macht der Nationen reichen auch nur soweit, wie die Bevölkerungen diese Politik bejahen. Darum ist nationale **Einheit,** der Zusammenschluß der Nation das Ideal dieser Politik: rechtsextreme politische Führung, Staat und Bevölkerung funktionsfähig wie ein Organismus, entschlossen wie eine Person, eine Seele, ein gemeinsamer Wille, ein gemeinsames Interesse, eine gemeinsame Idee. Dahin müssen die Bevölkerungen **geistig-moralisch erneuert** werden. Eine (Volks-)Erziehung nach innen ist notwendig. Womit diese Politik eingesteht, daß die Einheit von rechtsextremen politischen Willen und dem Willen der Bevölkerung alles andere als selbstverständlich ist – sonst wäre die **moralische Erneuerung** oder Erziehung nicht nötig.

Rechtsextremismus, Frieden, Weltpolitik: Immer dann, wenn in irgendeinem Land der Rechtsextremismus vor **Gefahr** oder **Bedrohung durch das Ausland, durch Feinde, durch Fremde** warnt; immer dann, wenn zur **Rettung,** zum **Erwachen,** zur **Erweckung des Vaterlandes,** der Nation aufgerufen wird; immer dann, wenn der Rechtsextremismus den Frieden durch die anderen gefährdet sieht; immer dann, wenn er vor der Gefahr oder der Bedrohung durch **pazifistische Elemente** warnt; immer dann darf die eigene Bevölkerung wissen, daß es gegen sie geht: Sie soll sich als Mittel und Diener von Großmacht- oder Weltpolitik benutzen lassen. So plant diese Politik die eigene Bevölkerung ein: die deutsche Bevölkerung für die deutsche Großmachtpolitik; die französische Bevölkerung für die französische Großmachtpolitik; die österreichische Bevölkerung für die österreichische Großmachtpolitik; die britische Bevölkerung für die britische, die rumänische Bevölkerung für die rumänische, die kroatische Bevölkerung für die kroatische, die serbische Bevölkerung für die serbische Großmachtpolitik . . . und so geht es weiter: in Westeuropa, in Osteuropa, in Südeuropa, in Nordeuropa, überall dort, wo rechtsextreme Politik die Übernahme des Landes plant.

Diese Politik will die erfolgreiche ökonomische und politische Konkurrenz der eigenen Nation gegen andere Länder und ihre Bevölkerungen. Deshalb Weltmacht werden oder sich erfolgreich an der Weltmacht beteiligen – das sei Aufgabe und Mission aller (nationalen) Politik. Dieses Programm verlangt **Souveränität nach außen.** Aber die Souveränität nach außen ist nur in dem Maße zu verwirklichen, als die **Souveränität nach innen** gelingt: die Bevölkerung muß willentlich diese Politik bejahen, sie fraglos anerkennen, sich zu ihr bekennen. Darum fordert rechtsextreme Politik die **geistig-moralische Erneuerung, Renaissance** oder das **(Wieder-)Erwachen der Nation** resp. der Bevölkerung – selbstverständlich unter Führung, Anleitung und Orientierung durch diese Politik. Sie will die bedingungslose **Einheit der Nation: nationale Identität.** Nationale Identität ist die innenpolitische Konsequenz einer Außenpolitik, die Weltmacht will. Rechtsextreme Innenpolitik soll Mittel sein, die weltmachtpolitischen Ziele nach außen zu verwirklichen. Das innenpolitische Programm namens **nationale Identität** geht dabei nicht nur gegen Ausländer, Einwanderer und Flüchtlinge: es möchte die ganze Gesellschaft samt ihrer einheimischen und ausländischen Bevölkerung für die Souveränität nach außen funktionalisieren; alle sollten sie, jeder auf seine Weise, Träger und Diener des Weltmachtsanspruchs der eigenen Nation nach außen werden. Das will sie, die berühmte **nationale Identität.**

3. Nationale Identität, Überfremdung und ethnische Säuberung – oder: das Boot ist voll

Aufgabe (ist) die Erhaltung des deutschen Volkes und seiner geistigen Identität auf der Grundlage unseres christlich-abendländischen Erbes

(15 deutsche Professoren,
Heidelberger Manifest, 1981, Deutschland)[26]

die Identität der Nation in sich tragen, wahren und verkörpern

(Kärntner Nachrichten, 1985, Österreich)[27]

In Wien . . . ist die Überfremdung ein Horror

(Neue Freie Zeitung, 1989, Österreich)[28]

Wir müssen unsere Kultur, unsere Identität bewahren

(Willocq, 1988, Belgien)[29]

Ohne nationale Identität (d. h.) . . . Schwächung des Menschen in seiner tiefsten Natur

(Club de l'Horloge, 1985, Frankreich)[30]

. . . wird die Überfremdung auch noch andere Folgen haben. Das . . . Gemeinschaftsbewußtsein unseres Volkes wird brüchig werden, das Gefühl innerer Verbundenheit, das auch in schweren Zeiten Halt und Kraft verlieh, geht verloren . . .

(Republikaner, 1988, Deutschland)[31]

. . . daß ohne Wiederherstellung der Nationalen Identität und damit Achtung vor der eigenen Geschichte viele Probleme nicht zu bewältigen sein werden

(Republikaner, 1992, Deutschland)[32]

Identisch ist eine Sache, wenn sie sich absolut gleich ist, wenn sie nichts Fremdes, das nicht zu ihr gehört, zuläßt. Identisch sind zwei oder mehrere Dinge, wenn sie sich absolut gleichen, wenn es nichts mehr gibt, was sie voneinander unterscheidet. Eine Sache identifizieren heißt, sie unterscheiden, sie von dem, was nicht zu ihr gehört, trennen. Das Fremde, das Äußerliche wird von der eigentlichen Sache ausgeschlossen. All das fordert rechtsextreme Politik für die eigene Nation. Sie nennt das: nationale Identität. Die berühmt gewordene ethnische Säuberung (nach innen) ist nur logische Konsequenz der Forderung nach nationaler Identität.

Rechtsextreme Politik will damit ihr Ideal verwirklichen: die Bevölkerung ihres Landes soll die Lage der Nation und die der Welt genauso sehen, wie sie selbst das sieht. Also verlangt sie von allen Menschen ihres Landes, von der Jugend, von den Frauen, von den Männern, von den Greisen, von den Gewerkschaften, von den Unternehmern, von den Kirchen, von den Vereinen, daß für sie die eigene Nation zum wichtigsten und höchsten Wert wird. Jeder, ob Jugend, Frau oder Mann soll seine Wünsche, seine Bedürfnisse, seine Interessen diesem **heiligen** Ziel – der Machtausbreitung und Überlegenheit der eigenen Nation – unterordnen. Nur dieses eine, das nationale Interesse soll noch gelten. Das hat Vorrang vor den Bedürfnissen der eigenen Bevölkerung und vor dem Ausland sowieso: deutsche Interessen zuerst, französische Interessen zuerst, österreichische, italienische, belgische, britische, rumänische, polnische . . . Interessen zuerst, lautet das in rechtsextremer Sprache.

Sind die Bevölkerungen erst einmal soweit, rufen und wollen sie dann tatsächlich jenes Berühmte: Deutschland, Frankreich, Serbien, Kroatien, Albanien, Rumänien, Belgien, Österreich, Rußland, Polen, Italien . . . zuerst, dann herrscht sie, die ersehnte deutsche, französische, serbische, kroatische, österreichische . . . Identität. Das gibt dem Rechtsextremismus im eigenen Land das, was er innenpolitisch will und für seine außenpolitische Zielsetzung verlangt: die freie Verfügung über die Bevölkerung, denn sie ist mit ihm einer Meinung und sieht Nation und Welt, wie er sie sieht. Die

Bevölkerung denkt und fühlt **national:** Die außenpolitische Durchsetzung und der weltpolitische Erfolg des eigenen **nationalen** Interesses gegen die anderen Länder und ihre Bevölkerungen wird jedem zum Gebot der Stunde und zum Auftrag für die Zukunft. Darin unterscheidet sich die Bevölkerung nicht mehr. Sie hat ein **nationales Gemeinschaftsgefühl** oder **-bewußtsein.** Sie ist eine (Volks-)**Gemeinschaft,** ein nationales Kollektiv, eine Schicksals-, eine Arbeits- und Kampfgemeinschaft geworden. Die Nation als ein geschlossener **Organismus,** als eine einheitliche **Person:** die **identische Nation.** Damit kann Weltpolitik gemacht werden, denn sie weiß ihre Bevölkerung mit sich – gegen die anderen Bevölkerungen und Nationen.

Nationale Identität ist nichts als das rechtsextreme Ideal, über eine Bevölkerung, die sie mit sich weiß, frei verfügen zu können. Sie ist die Aufforderung an die eigene Bevölkerung, diesem Ideal nachzukommem. Die Bevölkerung soll immer willentlich genau das bejahen, was rechtsextremer politischer Wille nach außen und innen fordert; der Wille der Bevölkerung soll immer und unter allen Umständen dem Willen dieser Politik entsprechen; der Wille der Bevölkerung soll vom Willen dieser Politik nicht mehr abweichen. Er soll mit ihr identisch werden: **nationale** Identität.

Einem weltanschaulichen Pluralismus sind daher auch Grenzen gesetzt durch kulturelle und völkische Tradition, Sitte, Brauch . . .

(Lorenzener Erklärung, 1989, Österreich)[33]

Oberstes Ziel . . . ist . . . die geistige und kulturelle Einheit . . . die Nation . . . kann nur durch Abgrenzung nach außen als Schutz vor Überfremdung und Integration im Innern zur Erhaltung der Volksgemeinschaft gesichert werden . . . Erhaltung der deutschen Volkseinheit . . . Kampf gegen geistige und kulturelle Überfremdung aus Ost und West

(NDP, 1980, Österreich)[34]

Unser Land ist kein Einwanderungsland. Wir sagen Nein zur multikulturellen Gesellschaft

(Republikaner-Programm, 1990, Deutschland)[35]

Die Verteidigung der Identität und Souveränität der Nation schließt das Aufgeben der interkulturellen Erziehung an der Schule ein

(Programme du Front National, 1985, Frankreich)[36]

. . . daß die Europäer das Allerwertvollste verlieren . . . ihre Identität

(Le Pen, 1989, Frankreich)[37]

Kann Deutschland . . . seine nationale Identität bewahren?

(Deutsche Liga für Volk und Heimat, 1991, Deutschland)[38]

Nationale Identität ist die Aufforderung nach politischer Einheit. Sie duldet keine Abweichung, kein Nebeneinander vieler, unterschiedlicher und einzelner Bedürfnisse, Interessen und politischer Anschauungen. Das nationale Interesse, das Programm erfolgreicher Weltmachtbeteiligung der eigenen Nation soll gelten, national soll gedacht und gefühlt werden. Alles, was auch nur scheinbar von diesem Interesse abweicht, gilt als **nichtnational,** als **fremd,** als **Überfremdung.** Überfremdung heißt zunächst nichts anderes als: ein Mensch oder eine Gruppe von Menschen, ein Interesse, eine Sache, ordnet sich nicht dem nationalen Interesse nach Machterweiterung unter und gilt damit als Verrat an der identischen Nation, als Schwächung der Souveränität und Verfügungsfreiheit dieser Politik über die eigene Bevölkerung. Das kann nicht geduldet werden, das verlangt nach politischer, nach patriotischer, nach »ethnischer« Säuberung der eigenen Bevölkerung von nicht- oder antipatriotischen **Elementen.**

Authentischer Pluralismus, die Vielzahl aller möglichen und verschiedensten Interessen in einer Gesellschaft, widerspricht der Aufforderung nach nationaler Identität, denn er sucht den vernünftigen Ausgleich, ohne sich dem Diktat des nationalen Interesses zu beugen. Dem nationalen Interesse, der nationalen Identität gelten die Jugend, die Frau, der Mann, die Gewerkschaften, die Kirchen, die Vereinigungen und Gruppierungen, die allesamt **ihre** Interessen und nicht das nationale Interesse verfolgen, als **nichtnational** oder **antinational:** undeutsche, unfranzösische, nichtitalienische, nichtösterreichische, antirumänische, antibulgarische . . . Interessen oder **Elemente,** heißt es da europaweit in rechtsextremen Flugblättern und Programmen. Pluralismus ist Überfremdung, weil er das Streben nach Überlegenheit nicht als oberstes und wichtigstes Interesse aller anerkennt. Nationale Identität kann den Pluralismus nicht wollen, denn das Nebeneinander einer Vielzahl von Interessen schwächt die Handlungsfreiheit dieser Politik, die auf eine identische oder homogene Bevölkerung aus ist. Also ist nationale Identität ein (Säuberungs-) Programm nicht nur gegen Ausländer, sondern auch gegen die eigene Bevölkerung: die Bevölkerung hat das nationale Interesse als ihre oberste und unausweichliche Aufgabe anzuerkennen, so lautet der Auftrag, der Befehl ist. Andere Bedürfnisse oder Interessen sind nicht- oder antinational. Sie sind ein Angriff auf die Verfügungsfreiheit dieser Politik über die eigene Bevölkerung. Diesen Angriff nennt sie: **Überfremdung.**

Sowenig das Programm nationaler Identität eine pluralistische Gesellschaft wollen kann, sowenig kann sie eine multikulturelle, multinationale oder multirassische Gesellschaft wollen. Eine **identische Nation** soll das eigene Land sein und **kein Einwanderungsland** – auch wenn es das schon lange ist – und es kein Land gibt, das nicht irgendwann in seiner Geschichte Einwanderungsland gewesen wäre. Aber so, wie die Interessenvielfalt der eigenen Bevölkerung dieser Politik fremd, weil hinderlich ist, so fremd, weil hinderlich ist ihr eine multikulturelle Gesellschaft. Eine multikulturelle Gesellschaft, die multikulturelle oder fremde Interessen beherbergt, widerspricht endgültig dem Diktat des nationalen Interesses. Also gilt die multikulturelle Gesellschaft als Inbegriff der Überfremdung. Und da verbietet sich auch jede multikulturelle Erziehung: nicht zum Weltbürger, zum Patrioten, zum bedingungslosen Parteigänger des eigenen nationalen Interesses sollen die Jugend und die ganze Bevölkerung erzogen werden.

Was also ist sie, die berühmte **Überfremdung** oder **Bedrohung nationaler Identität**? Es gibt sie nicht. Es gibt nur den Zwang oder Befehl zu nationaler Identität – oder zur **nationalen Kohäsion / Einheit / Homogenität**, wie das auch genannt wird. Wo fängt die Überfremdung an, wo hört sie auf? Nirgendwo. Gibt es keinen Befehl zu nationaler Identität, dann gibt es keine Überfremdungsphantasien, dann ist es auch gleichgültig, wie viele Ausländer im Lande und in der Bevölkerung sind. Das Überfremdungsphänomen gibt es nur so weit, wie das Überfremdungsgerede reicht, und das Überfremdungsgerede reicht so weit, wie die rechtsextreme Forderung nach nationaler Identität reicht. Überfremdung als wirkliches, als empirisches und statistisches Phänomen oder gar Problem gibt es nicht.

Darum kann auch keiner der Überfremdungspropheten angeben, wie viele Ausländer **zu viele**, also überfremdend sind: ist es ein einziger Ausländer, sind es 5%, 12,8%, 27,3%, 39,9% . . . der eigenen Bevölkerung? Es gibt keine objektive Zahl, keine objektive Grenze, keine objektive **Toleranzschwelle**, weil die Überfremdung nur in der Bedrohungsphantasie dieser Politik existiert. Wen oder was bedroht die Überfremdung? Niemanden und nichts, denn die Überfremdung ist ein Mythos. Sie ist die mythische, die verklärende Seite der politischen Forderung nach Identität und Einheit. Darum bedroht die sog. Überfremdung auch allenfalls nur das rechtsextreme Ideal der identischen, der gleichgeschalteten Nation. Und verlieren die Bevölkerungen Europas ihre Identität(en), so verlieren sie damit nichts – es sei denn die Forderung, sie sollten rechtsextremer Politik zu Diensten sein. Ein Verlust nationaler Identität, dieses »Allerwertvollste« (Le Pen), wäre nur für denjenigen, der von ihr etwas hätte, ärgerlich: für die angestrebte Außen- und Weltpolitik.

Das Boot ist voll, wir sind zu viele, das Land ist viel zu eng, zu klein, zu dicht besiedelt, es verträgt keinen Fremden, keinen Ausländer mehr, heißt es auch. Aber das Boot ist genauso **voll** oder **leer,** wie nationale Identität sein soll. Zu voll für Ausländer, für Fremde, für Nichtpatrioten; nicht voll genug mit einer eigenen, mit einer patriotischen, mit einer identischen Bevölkerung. Es ist zwar widersinnig zu behaupten, das Boot sei randvoll, kein Platz nirgendwo mehr im eigenen Land und gleichzeitig den Geburtenrückgang der eigenen Bevölkerung zu beklagen. Dieser Widerspruch stört keinen Rechtsextremen. Er will ja eine möglichst zahlreiche und patriotische Bevölkerung – und deshalb schreitet dieses politische Programm über Logik und Widersprüche souverän hinweg.

Rechtsextremismus, nationale Identität, Überfremdung, ethnische Säuberung: Immer dann, wenn es heißt, nationaler Identität drohe Überfremdung, dann verlangt diese Politik von der eigenen Bevölkerung etwas, das gegen sie selbst gerichtet ist; sie soll sich zum Anhänger und Sympathisanten, also zum Mitmacher, zum Mittel, zum Diener rechtsextremer Weltmachtpolitik machen. Immer dann, wenn es von Rechtsextremen in allen europäischen Ländern heißt, es drohe Überfremdung – durch die Ausländer, durch die Einwanderer, durch die jüdische Internationale, durch den Islam, durch die 3. Welt, durch den Rest der Welt –, immer dann können die Bevölkerungen sicher sein, daß ihnen nationale Identität befohlen wird: zu Diensten dieser Politik und zum Aushalten jener allerdings **schweren Zeiten,** die sie ihnen bringen würde und ihnen auch gar nicht verschweigt. Immer dann, wenn es heißt: Deutschland den (echten) Deutschen; Frankreich den (echten) Franzosen; Belgien den (echten) Belgiern; Bulgarien den (echten) Bulgaren; Rumänien den (echten) Rumänen . . . können die Bevölkerungen sicher sein, daß nationale Identität oder Gleichschaltung von ihnen verlangt wird. Eigene, individuelle Bedürfnisse oder Interessen gelten da nicht mehr viel. Dafür wird die **ethnische,** d. h. **patriotische Säuberung nach innen,** gegen die eigene Bevölkerung, dann sorgen.

Man kann es auch so zusammenfassen: immer dann, wenn es heißt **Ausländer raus**, geht es gegen die eigene Bevölkerung; es soll Platz geschaffen werden für deren Dienst an Weltmachtpolitik.

Dasselbe ist gemeint, wenn rechtsextreme Parolen fordern: für **nationale (Volks)Gemeinschaft;** für **nationale Solidarität / Brüderlichkeit / Homogenität / Einheit / Kohäsion / Selbstbestimmung / Selbstbestimmungsrecht.** Oder, die andere, die mythische Seite desselben Programms: **gegen Überfremdung; das Land kein Einwanderungsland, kein Vielvölkerstaat, kein Völkergemisch, kein Schmelztiegel der Nationalitäten (melting pot), keine pluralistische, multikulturelle, multirassische, multiethnische Gesellschaft** – Sprachtechniken, die darüber hinwegtäuschen, daß diese Politik gegen die eigene Bevölkerung geht.

4. Kopftuchsolidarität – multikulturell = multikonfliktuell?

Eine multikulturelle Gesellschaft bedeutet eine multikonfliktuelle Gesellschaft

(Y. Blot, 1990, Frankreich)[39]

Verlust der nationalen Gemeinschaft (Homogenität) durch das Hereinströmen fremder Völkerschaften. Jetzt ist die multikulturelle Multikonfliktgesellschaft vollständig

(Sieg, 1990, Österreich)[40]

Die Integration großer Massen nichtdeutscher Ausländer ist ... nicht möglich und führt zu den bekannten ethnischen Katastrophen multikultureller Gesellschaften

(15 deutsche Professoren, Heidelberger Manifest, 1981, Deutschland)[41]

... eine Entwicklung wie im Libanon

(J. Soustelle, 1990, Frankreich)[42]

Nationale Identität ist eine fundamentalistische, eine integristische Politik der Einschließung und Ausschließung, der Eingrenzung und Ausgrenzung. Sie ist eine Politik der Unterscheidung: wer ist würdig und hat die Ehre, Weltmachtansprüchen zu dienen und wer nicht, wer scheidet von vorneherein und für immer davon aus. Die Politik nationaler Identität verwandelt das Land in eine Fahndungs- und Verfolgergemeinschaft. Sie ist die inquisitorische Untersuchung der Bevölkerung im eigenen Lande darauf hin, welche Menschen, Bedürfnisse, Gruppen ... ihr nützlich und dienlich sind, welche nicht und niemals. Sie ist erhaben gegenüber der banalen Feststellung, daß es keine Gesellschaft, kein Land, keine Bevölkerung gibt, die nicht historisches Ergebnis und Summe unterschiedlicher Menschen und kultureller Einflüsse wären. Sie ist erhaben darüber, aber gleichgültig kann ihr diese geschichtliche Trivialität nicht sein.

Rechtsextreme Politik will Gefolgschaft und Gehorsam. So sondert sie aus der Vielzahl der Menschen, Interessen und Gruppen, die sie im eigenen Land immer schon vorfindet, diejenigen aus, die für nationale Machtausbreitung unnütz und unbrauchbar erscheinen. Mit dieser Unterscheidung definiert sie, wer Zwangsmitglied der identischen Nation ist und welche Teile der Bevölkerung ab sofort zu Minderheiten erklärt, als solche identifiziert und ungleich, minderwertiger behandelt werden sollen. Diese Minderheiten werden dann **Überfremdung** genannt. Und so mancher Bevölkerungsteil erfährt dann mitsamt den Ausländern, daß er von heute auf morgen auf einmal ein ganz anderer geworden ist. Er gehört neuerdings einer unnützen, also unerwünschten, also **bedrohlichen** Gruppe oder Minderheit an. So entdecken Nordafrikaner in Frankreich und in Belgien an Mauern und in Flugblättern, so erfahren Slowenen in Kärnten und aus den Kärntner Nachrichten, so wissen Türken, Vietnamesen, Flüchtlinge und Angolaner im gesamten Deutschland aus Schriften und Programmen, so bemerken Ungarn und Roma in Rumäniens Straßen, so hören und lesen die Juden in ganz Europa, daß sie über Nacht allesamt etwas ganz Besonderes geworden sind: unerwünschte Minderheiten. **Minderheiten sind also nicht einfach Sündenböcke.** Sie sind solche Menschen oder Gruppen, die rechtsextreme Politik aus der pluralistischen und multikulturellen Gesellschaft ausgrenzt, weil sie dem nationalen Interesse, das nur eine homogene Bevölkerung will, nicht passen. Nicht weil sie wenige oder **schwach** sind, werden Minderheiten verfolgt. Vielmehr entdeckt die Forderung nach nationaler Identität solche Menschen oder Gruppen in der eigenen Bevölkerung, von denen sie vermutet oder weiß, daß sie vom Ideal nationaler Einheit **abweichen.** Diese werden dann und deshalb auch verfolgt.

Es gibt keine außerhalb der Gesellschaft lebenden Minderheiten, nirgendwo, sondern pluralistische und multikulturelle Vielfalt, eine Vielzahl unterschiedlicher Bedürfnisse und Interessen. Diese werden von rechtsextremer Politik auf ihre vermutliche Brauchbarkeit oder Unbrauchbarkeit für die nationale Machterweiterung hin geprüft und unterschieden. Erst diese Unterscheidung und Nichtgleichbehandlung bringt die Gegensätze in die Welt: die der identischen Mehrheit gegen die nichtidentischen Minderheiten – denn diese werden als Feinde der Bevölkerung und der Nation gewertet, verachtet und behandelt. Nichtintegrierbarkeit wird ihnen nachgesagt, und ihre **Nichtintegrierbarkeit** besteht einzig darin, daß sie dem nationalen Interesse verdächtig erscheinen, also zu Feinden erklärt werden. Eine authentisch pluralistische oder multikulturelle Gesellschaft organisiert und beläßt das Nebeneinander der unterschiedlichen Interessen. Diese Gesellschaft kennt nur Vielheiten, keine Minderheiten. Und aus der bloßen Vielzahl unterschiedlicher Interessen entstehen keine Minderheiten. Erst ein Interesse, das sich als alleingültig definiert und die pluralistischen, multikulturellen Vielheiten danach überprüft und behandelt, welche ihm nützlich oder hinderlich sind, macht aus den Vielheiten die Unterscheidung: nichtidentische Minderheiten – identische Mehrheit. Erst die Politik nationaler Identität, die Politik der Ein- und Ausschließung, die Politik der patriotischen Säuberung, der Ungleichbehandlung, zersplittert die Bevölkerung gegen sich selbst – bis sich die auserwählten Mehr- und Minderheiten derselben Bevölkerung auch tatsächlich wechselseitig behindern, bedrohen und einander dann auch verfolgen. Der Zwang zur Identität oder Homogenität verwandelt die Unterschiede einer Bevölkerung in Gegensätze, indem er Mehrheit und Minderheiten gegeneinander fixiert. **Entwicklungen wie im Libanon** prophezeit der Rechtsextremismus aller Länder. Aber nicht die Vielzahl rivalisierender Gruppen im Libanon, sondern der Kampf um die Kontrolle darüber, welche Gruppe ihre Interessen als allgemeingültige, als zukünftige nationale Identität oder Homogenität setzen und die anderen Interessen und Gruppen als zukünftige Minderheiten behandeln kann, nährt den jahrzehntelangen Bürgerkrieg

– ebenso wie die Politik der nationalen Identität und die ihr immanente patriotische Säuberung für den (Bürger-)Krieg im ehemaligen Jugoslawien und in den diversen Republiken der einstmaligen Sowjetunion sorgen. Nicht die pluralistische oder multikulturelle, rein statistische Vielzahl unterschiedlicher Bedürfnisse und Interessen, sondern die Politik nationaler Identität oder Homogenität stellt das her, wovor sie dauernd warnt: Gegensätze, Konflikte in der Nation, weil diese mit aller Gewalt identisch sein soll. Der **Fundamentalismus einer Politik der nationalen Identität** schafft notwendig seine eigene Libanonisierung. Wer das vermeiden will, der kann nur eine multikulturelle Gesellschaft wollen.

Die Gefahr des Islam

(Centrum Democraten, 1988, Holland)[43]

... da der Islam eine Integration praktisch unmöglich macht ... daher ... türkische Kolonie im deutschen Staat. .. So etwas schafft aber Probleme und Spannungen ... was für die Türken gilt, gilt in noch höherem Maße für die Asylanten aus afrikanischen, arabischen oder asiatischen Ländern

(Republikaner, 1990, Deutschland)[44]

Wollen wir verhindern, daß neben jeder katholischen Dorfkirche morgen eine Moschee steht

(F. Schönhuber, 1989, Deutschland)[45]

Nein zum Tschador in der Schule, nein zu Moscheen. Das Tragen des Tschadors ist nicht Ausdruck einer französischen Tradition. Es ist eine Kriegserklärung

(Stirbois, 1989, Frankreich)[46]

Der emanzipierten deutschen Frau sind Machokulturen mit verschleierten Frauen nicht zumutbar

(Republikaner Kommunalwahlprogramm Köln, 1989, Deutschland)[47]

Die islamischen Fundamentalisten machen bei uns schon die Gesetze

(Holleindre, 1989, Frankreich)[48]

Die Politik der nationalen Identität und die daraus folgende patriotische Säuberung sind eine Kampfansage an die Bevölkerung im eigenen Land: welche Teile sind oder scheinen nichtnational, nicht identisch mit dem Programm rechtsextremer Großmacht- oder Weltpolitik. So erfahren die Gastarbeiter und Einwanderer Europas, daß ihre nunmehr 30jährige Anwesenheit, ihr nunmehr 30jähriges Bekenntnis zum Koran, ihr nunmehr 30jähriger Gang in die Moschee, ihr nunmehr 30jähriges Kopftuchtragen über Nacht eine Bedrohung und Überfremdung, eine **Invasion / Okkupation / Kolonialisierung** der französischen, der belgischen, der österreichischen, der deutschen Identität sein sollen. In rechtsextremen Blättern und Programmen können sie lesen, daß sie neuerdings zur 5. Kolonne der iranischen Islaminterpretation gehören – auch wenn sie von der gar nichts wissen oder wissen wollen. Seit über 30 Jahren wird in den Fabriken und Geschäften Europas mit oder ohne Bekenntnis zum Koran, mit oder ohne Gang in die Moschee, mit oder ohne Kopftuch gearbeitet und der Alltag gelebt. Auch wäre es völlig gleichgültig, stünde morgen neben jeder Dorfkirche eine Moschee; dann ginge eben der eine Teil der Dorfbewohner in die Kirche, ein anderer Teil in die Moschee, ein dritter Teil weder in die Kirche noch in die Moschee, aber vielleicht gingen danach alle gemeinsam Tee trinken; und möglicherweise verschönerte die Moschee noch den Anblick des Dorfes. Aber der Rechtsextremismus muß dem Islam den Krieg erklären, weil diese Religion einen anderen Herrn und nicht die europäische Weltpolitik über sich anerkennt: der Moslem steht uns nicht zu Diensten, er kann kein europäischer Patriot sein, für unsere Weltmachtpolitik ist er nicht zu gebrauchen. Das ist der eigentliche Inhalt rechtsextremer Kritik am Islam. Der Islam ist kein Ausdruck französischer oder deutscher oder belgischer oder österreichischer oder europäischer **Tradition / Kultur / Erbe / Geschichte / Gemeinsamkeit / Sprache / Geist** . . . – mindestens zwei- bis viertausend Jahre alt – **Überfremdung, Bedrohung, Invasion, Kolonisierung** nationaler Identität; **libanesische Verhältnisse in Europa!** – ruft rechtsextreme Sprachpolitik. Bedroht wird durch den Islam allerdings – wenn überhaupt – nur dies: das rechtsextreme Ideal einer durch und durch patriotischen Bevölkerung, die Verfügungsfreiheit über die gesamte Bevölkerung im Dienste nationaler Machtpolitik.

Es ist also nicht der Islam, der eine Integration unmöglich macht. Der Islam ist eine Religion, so harmlos oder so wenig harmlos wie die anderen Weltreligionen. Es kommt darauf an, was aus und mit einer Religion gemacht werden soll. Und gibt es so etwas wie eine (Re-)Islamisierung der Gastarbeiter und Einwanderer in Europa, so liegt das nicht zwingend am Islam an sich; die (Re-)Islamisierung kann auch Trost- und Entschädigungsversuch derjenigen sein, die im gewöhnlichen Leben nicht viel zu sagen haben und in ihrer religiösen Gemeinschaft zu finden hoffen, was ihnen das europäische Arbeits- und Alltagsleben verweigert: ein vernünftiges Leben als Gleiche unter Gleichen; daher: Kopftuch- oder Ghettosolidarität. Sicher, die islamische Glaubensgemeinschaft entschädigt für nichts. Der Trost, als Gleicher unter Gleichen anerkannt zu werden, erleichtert nicht die Arbeit, nicht das Leben. Aber ein Trost ist der Rückzug ins Ghetto dennoch. Doch diese Entschädigungs- und Trostsuche setzt die Gastarbeiter und Einwanderer endgültig in Gegensatz zu denen, die sie nicht wollen, und bestätigt die Verachtung derer, die es scheinbar immer schon gewußt haben: die sind nicht wie wir, deshalb gehören sie nicht zu uns – so heißt es dann.

Wenn also in Frankreich drei Mädchen mit Kopftuch in die Schule gehen wollen; wenn diese Trivialität die Nation monatelang als das Thema, das scheinbar über Schicksal und Zukunft des Landes entscheidet, beherrscht, dann weiß man, wie weit die Fronten verhärtet sind: die Frontlinien, die die Politik nationaler Identität, die Politik der Einschließung und Ausschließung gezogen hat. Dann legt das Zeugnis davon ab, wie weit diese Politik das multikulturelle Nebeneinander in Gegensätze, in die spannende Frage verwandelt hat: wer ist (französischer) Patriot, wer nicht? Wer ist der Feind, wer ist der Freund? Wer verdient Verachtung, wer verdient Achtung? Und ist die öffentliche Debatte so national geworden, dann kann sich ausgerechnet der Rechtsextremismus, dem die Frau als »Fruchtbarkeitsrate der Nation« (Le Pen) und als sonst nicht sehr viel mehr gilt, ungeniert zum ehrenwerten Beschützer der emanzipierten Frau erklären, die vor kopftuchtragenden, manchmal verschleierten Mädchen oder Frauen zu »bewahren« sei.

5. Von Feinden und Freunden

Das Politische liegt . . . in der Aufgabe, Freund und Feind richtig zu unterscheiden . . . der politische Feind . . . ist eben der andere, der Fremde

(C. Schmitt, 1932, Deutschland)[49]

Das Wesen der Politik beruht auf dem Gegensatz Freund – Feind . . . der Gegner muß identifiziert werden . . . viel Feind', viel Ehr'

(Front National, 1990, Frankreich)[50]

Untragbar . . ., wenn Menschen, die sich nicht als Patrioten, sondern als Feinde der Integrität und der Einheit Österreichs erwiesen haben

(J. Haider, 1981, Österreich)[51]

Der innere Feind . . . (ist) derjenige, der zweifelt, dem es an Glauben fehlt . . .

(Le Pen, 1989, Frankreich)[52]

. . . (gegen) . . . den Geist . . . des subversiven Weltbürgertums

(Le Pen, 1989, Frankreich)[53]

An die rumänischen Brüder: Kampf für ein Groß-Rumänien, frei von Ungarn, Zigeunern, Tataren, Deutschen und Juden

(Vatra Romaneasca, 1990, Rumänien)[54]

Ich möchte nicht in einem Polen bleiben, aus dem . . . eine jüdische Kolonie wird

(Tyminski, 1991, Polen)[55]

Zigeunerschlampe mit Drogenkind im Arm

(„Sieg", 1989, Österreich)[56]

Rechtsextreme Politik will die ökonomische und politische Überlegenheit der eigenen Nation über die anderen. So ist jedes andere Land, jede andere Bevölkerung prinzipiell Konkurrent, Gegner oder Feind. Damit ist der erste und entscheidende Grund zur Ausländerfeindschaft unwiderruflich gelegt – solange Konkurrenzkampf der Nationen gilt. Aber jede andere Nation, jede andere Bevölkerung kann auch zum Freund werden: Solange sie sich als vorteilhaft und nützlich fürs eigene Überlegenheitsprogramm erweisen. Es heißt also nicht viel, wenn rechtsextreme Politik ein Land und seine Bevölkerung als neuen oder alten Freund der eigenen Bevölkerung vorstellt: Denn diese Freundschaft lebt von der strategischen Berechnung auf Machterweiterung. Diese Politik ist Feindschaftserklärung, und die Freundschaften, die sie kennt, dienen auch nur dem Ziel der nationalen Überlegenheit. Das ist der rechtsextreme Inhalt des schönen Worts **Völkerverständigung.** Darum kennt der Rechtsextremismus Politik lediglich als Anweisung, **Freund und Feind richtig zu unterscheiden.** Richtig unterschieden sind Freund und Feind, wenn klar scheint, wie sich ein anderer zum eigenen nationalen Überlegenheitsprogramm stellt. Jeder, der nicht nützlich, nicht dienlich erscheint, ist der **Fremde,** der **Gegner** oder der **Feind.** Jeder, der diesem Programm als nicht brauchbar erscheint, kann per definitionem nur schädlich, nur feindlich sein. So hat rechtsextreme Politik viele Feinde. Das aber ehrt sie, wie sie meint: ihr Überlegenheitsstreben ist Feindschaftserklärung an die anderen Nationen, an den Rest der Welt, und daran hält sie fest. Das nennt sie ihre **Entschlossenheit** und diese Entschlossenheit ehre sie. Und weil sie nichts will als den Erfolg, die Überlegenheit der eigenen Nation, gilt für sie als Grundsatz: Politik sei Feindschaftserklärung, und sonst nichts.

Diese Feindschaftserklärung ist nicht nur nach außen gerichtet, sie geht nicht nur gegen andere Länder, die sich als Hindernis nationaler Überlegenheit erweisen. Immer ist sie eine Feindschaftserklärung auch nach innen: auch im eigenen Land, in der eigenen Bevölkerung unterscheidet sie zwischen Freund und Feind. Denn das nationale Machterweiterungsprogramm braucht die Gefolgschaft einer gehorsamen Bevölkerung. Ohne diese wäre eine solche Politik ein einsames Geschäft. Also wird auch die eigene Bevölkerung überprüft, kontrolliert, eingeteilt, gesäubert: wer sich zum Diener machen läßt, ist der richtige Freund. Wer einem anderen Herrn dient, einer anderen Politik folgt oder nur seinen eigenen Bedürfnissen und Interessen nachgeht, ist der richtige Feind, der **innere Feind.** Der innere Feind dient nicht dem Wohle und Erfolg der Nation, dem nationalen Interesse. Er folgt anderen Dingen: ein **Parasit,** ein **Gemeinschaftsschädling,** ein **Asozialer,** ein **Egoist** – lautet dann die Sprache der Verachtung.

Keine Bevölkerung hat Grund zur Freude, wenn rechtsextreme Politik ihr die äußeren Feinde der Nation verkündet. Denn die Feindschaftserklärung nach außen ist zugleich Infragestellung nach innen. Sie geht gegen jeden, der an ihr zweifelt, nicht an ihre Naturnotwendigkeit glauben mag. So ist jeder ein potentieller Feind, und Freund ist nur, wer beweist, daß er an die »Richtigkeit« dieser Politik glaubt. Und diese Freundschaft gilt nur solange, wie es hieran keinen Zweifel gibt.

Als Feinde gelten all jene, die sich dem nationalen Weltmachterfolg nicht unterzuordnen scheinen, weil sie andere Interessen haben, weil sie eine andere Sache oder einen anderen Zweck oder eine andere Art von Politik verfolgen oder weil sie andere oder keine Herren über sich anerkennen. Feinde sind die, die sich für dieses Machtprogramm nicht benutzen lassen oder dessen auch nur verdächtig sind. Und da spielt der Unterschied zwischen **äußeren und inneren Feinden,** zwischen eigener Bevölkerung und Ausländern überhaupt keine Rolle. Es geht gegen:

- die Juden oder – wie es heißt – das internationale (Welt- oder Finanz-)Judentum, weil sie angeblich Geschäfte für sich und gegen die Machtausweitung der europäischen Nationen machen; deswegen »haben« sie einen »schlechten«, einen verschlagenen Charakter, der ist ihre »Natur«;
- den Islam, weil dieser einen Gott anerkennt und eine Religion ist, mit der keine europäische Weltpolitik zu ma-

chen ist: Koranleser und Kopftuchträgerinnen können keine europäischen Patrioten sein, deswegen gehören sie nicht der europäisch-abendländischen Kultur / Tradition / Erbe / Geist / Seele / Zivilisation / Wertordnung . . . an und bedrohen, überfremden also diese meist x-tausendjährige europäische Identität;

* die Gastarbeiter, Einwanderer, Flüchtlinge, Asylbewerber, Ausländer, weil sie keine Inländer sind, keine Menschen, die sich offensichtlich überzeugend zur Machtausweitung der europäischen Nationen bekennen werden können. Deshalb sind sie **zuviele** und **schädigen uns,** das nationale Interesse und die nationale Identität; sie **schädigen** durch ihre Anwesenheit die Machterweiterung der europäischen Nationen;

* die USA, Osteuropa, sofern es sich nicht eingemeinden läßt, Japan, Dritte Welt, Rest der Welt, weil sie nicht Europa sind, sondern als Konkurrenten, Gegner oder Feinde Europas gelten; denn sie behindern Europas Überlegenheit auf dem Weltmarkt und in der Weltpolitik oder lassen sich dort angeblich nicht entsprechend benutzen;

* Sinti und Roma (Zigeuner), weil sie besondere und nomadisierende Lebensgewohnheiten haben sollen, an denen keine Nützlichkeit für nationale Großmachtpolitik zu erkennen ist;

* Aids, Drogen, Abtreibung: Nicht wegen der Leiden für die Betroffenen, sondern wegen Schwächung der Bevölkerung; denn rechtsextreme Politik braucht, um ihr Programm zu verwirklichen, »eine zahlreiche, eine junge, eine starke Bevölkerung« (Le Pen);

* Homosexuelle, Lesben, Obdachlose, Hilflose, Behinderte: gegen die ersteren, weil sie ihre Sexualität nicht in den Dienst nationaler Bevölkerungs- und Geburtenpolitik stellen; deswegen »sind« sie unmoralisch, unnormal und »widernatürlich«; gegen die letzteren, weil sie, anstatt der Nation zum Erfolg zu verhelfen, selbst Hilfe brauchen, somit die Nation »belasten«;

* die eigenen Bevölkerungen, wenn sie, anstatt nationalen Machtansprüchen zu dienen, ihr eigenes Glück, ihre eigenen Bedürfnisse und Interessen verfolgen: **Dekadenz, sittlich-**

moralischer Verfall, Pluralismus, Individualismus, Parasitentum, Liberalismus, Materialismus, Konsumsucht, Hedonismus, Laxismus, Eigennutz, Egoismus ... lautet die rechtsextreme Sprache der Verachtung;

* die, die einen vernünftigen, waffenlosen Frieden wollen, weil dieser Standpunkt dem rechtsextremen Machtprogramm widerspricht; Pazifismus ist Verrat an der Nation, und **unmöglich, utopisch** ist vernünftiger Friede sowieso, heißt es;
* Weltbürgertum (Kosmopolitismus), denn der Standpunkt der Menschheit und der Menschlichkeit ist un- oder antipatriotisch; Humanismus ist Verrat an der eigenen Nation, der Mensch ist von Natur aus Patriot, nicht Weltbürger;
* alle, die an der Richtigkeit und Naturnotwendigkeit dieser Politik zweifeln, nicht an sie glauben; denn Zweifler und Ungläubige, die dann auch noch Bedenken haben, sind überhaupt nicht zu gebrauchen;
* Erkennen und Wissen, denn das setzt Distanz, Zweifel und Infragestellen voraus, und zum Erkennen und Wissen ist angeblich ohnehin nicht jeder fähig: Rationalismus widerspricht der menschlichen Natur – so ein Glaubenssatz des Rechtsextremismus.

So werden sie verächtlich gemacht und zuweilen auch verfolgt, die Feinde nationaler Machtausweitung. Nicht nur in Rumänien oder in der ehemaligen Sowjetunion; nicht nur in Großbritannien oder in Belgien; nicht nur in Italien, in Frankreich, in Deutschland, in Finnland, in Schweden, in Polen, sondern überall dort, wo Bevölkerungen die Illusion leben, die Bekanntgabe äußerer oder innerer Feinde der Nation wäre etwas zu ihren Gunsten; überall dort, wo die Menschen nicht sehen, daß sie sich in der Verachtung und Verfolgung der **öffentlichen Feinde** gerade den schlechtesten aller Dienste erweisen: Sie machen sich zu Sympathisanten einer Politik, die vorsieht, sie zu benutzen. Und davon hat nur eine Seite etwas: eben diese Politik.

6. Ausländerfeindlichkeit oder: Die Natur des Menschen

... die politische Entscheidung, wer der Feind ist ...
(C. Schmitt, 1932, Deutschland)[57]

Feind ist ... nicht der private Gegner ... Feind ist nur der öffentliche Feind ... Die deutsche Sprache, wie auch andere Sprachen, unterscheidet nicht zwischen dem privaten und dem politischen »Feind« ...
(C. Schmitt, 1932, Deutschland)[58]

Darum bedeutet das Kriterium der Freund- und Feindunterscheidung auch keineswegs, daß ein bestimmtes Volk ewig der Freund oder Feind eines bestimmten anderen sein müßte ...
(C. Schmitt, 1932, Deutschland)[59]

Daß die Unterscheidung von »Freund und Feind« für den »Begriff des Politischen« bestimmend ist, hatte Schmitt bereits 1927 ... dargelegt.
(Republikaner, 1992, Deutschland)[60]

»Freunde«, »Feinde« und deutsche Interessen ... die Deutschen und ihre Feinde ... neue Fronten braucht das Land
(Europa Vorn, Deutschland 1990)[61]

Das rechtsextreme Machtprogramm will den Erfolg der eigenen Nation in der Konkurrenz um ökonomische und politische Weltmacht oder Weltmachtbeteiligung. Dieses außen- und weltpolitische Programm ist nur gegen und auf Kosten anderer Länder zu verwirklichen. Die Durchsetzung des eigenen Ziels ist dabei »gerecht(fertigt)« und »richtig«, weil unausweichlich und notwendig: moderne Welt und internationale Beziehungen sind eben **Kampfplatz und Naturzustand**: Außenpolitik kann nur eine Waffe im allgemeinen (Überlebens-)Kampf von Wölfen unter Wölfen in Gestalt der Staaten sein – so der rechtsextreme Begriff moderner Außen- und Weltpolitik. Auf diese Weise Politik als die Fähigkeit zu bestimmen, **Freund und Feind richtig zu unterscheiden,** ist nur konsequent. Richtig unterscheidet die Politik, wenn sie jene zu erfassen weiß, die ihrem nationalen, ihrem Überlegenheitsinteresse nützlich oder dienlich sind: das sind dann ihre aus- und inländischen Freunde. Und richtig liegt sie, wenn sie jene dingfest machen kann, die ihrem außenpolitischen Erfolgsinteresse im Wege sind. Das sind dann die aus- und inländischen Feinde.

Eine solche Politik sieht sich prinzipiell im Gegensatz zu anderen Ländern, und **erfolgreicher** Gegensatz will sie auch bleiben. Deshalb verklärt sie sich selbst und die Außenpolitik der anderen zum **Naturzustand**. Darin will rechtsextreme Politik **»Realpolitik«** sein. Doch um des eigenen Vorteils willen muß diese Politik sich zuweilen auch Freunde unter den Feinden suchen – gegen die anderen . . . Feinde. Der Vergänglichkeit solcher Freundschaften ist sich diese Politik gewiß: bisherige »Freunde« müssen beizeiten urplötzlich zu »immer schon« gerissenen oder verschlagenen Feinden umgetauft werden. Und zugleich können alle Länder über Nacht mit der »Entdeckung« oder »Tatsache« bekanntgemacht werden, daß die bisherigen (Tod-)Feinde als neue Freunde gehandelt werden. Nichts ist endgültig entschieden, nichts ist auf ewig festgelegt. Fundamental ist nur die Feindseligkeit, alles andere ist eine Frage taktischer Beurteilung und realpolitischer Berechnung. Wer nun gerade zu den Freunden zählt und im Namen von Völkerverständigung und Friedenserhaltung geachtet wird, ist ebensowenig festgelegt, wie dogmatisch behauptet sein soll, die gegenwärtigen (Tod-)Feinde seien auf immer Feinde und verdienten auf immer Verachtung: **»Dann bedeutet das Kriterium der Freund-und-Feind-Unterscheidung auch keineswegs, daß ein bestimmtes Volk ewig (!) der Freund eines bestimmten anderen sein**

müßte« (C. Schmitt und mit ihm jede rechtsextreme Politik). Gesichert sein muß nur dies: die Entscheidung, wer Feind (oder Freund) ist, fällt allein in die Hoheit der Politik. Sie entscheidet über Feind und Freund – weltweit und jederzeit.

Die Entscheidung über Freund und Feind ist eine rein politische Entscheidung. Keine private Meinung, kein einzelner Wille, kein individuelles Interesse, kein persönliches Gefühl hat hier Mitsprache- oder Einspruchsrecht. Selbstredend ist der berühmte »Wille der eigenen Bevölkerung« mitberücksichtigt: propagandistisch, als Rechtfertigungs- und Berufungsinstanz. So sichert sich diese Politik ihr Vor- und Hoheitsrecht, über Freund- und Feindschaften zu entscheiden, unbehelligt, freihändig und souverän, allein nach Maßgabe des außen- und innenpolitisch »Notwendigen«. Auch darin bleibt sie **»Realpolitik«**. Ihre Entscheidungen folgen dem nationalen Machtprogramm und nur den außen- und innenpolitischen Notwendigkeiten, die seinen Erfolg sicherstellen.

Mit ihrem Anspruch auf Entscheidungshoheit spricht solche Politik zugleich aus, daß die Feinde, die sie sich schafft, zuallererst auch nur **ihre** Feinde sind: **Feind ist nicht der private Gegner, Feind ist nur der öffentliche Feind.** Mit den privaten Interessen und mit den unmittelbaren Bedürfnissen der Bevölkerung kommt er als politisch deklarierter, als öffentlich vorgestellter Feind vorerst nicht in Berührung. Der politische Feind ist nicht der persönliche Feind. Er ist eine gänzlich vor-, über- oder außerindividuelle Kategorie. Oder, in anderen Worten: der berühmte **Andere,** der **Fremde,** der **Feind** ist keine biologische, keine anthropologische, keine existentielle, keine psychologische Unausweichlichkeit. Außenpolitische Entscheidung ruft ihn in die Welt und außenpolitische Entscheidung setzt ihn wieder außerhalb der Welt. Außenpolitik ist nicht Anthropologie, nicht Biologie. Der (politische) Feind ist das, was er ist: Ergebnis der Außenpolitik.

Der Anspruch, die Entscheidung über Freund und Feind falle allein in das Hoheitsrecht und in die Entscheidungsfreiheit der Politik, gesteht ein, daß der Feind nicht aus privaten, zufälligen oder individuellen Interessen geboren wird. Sein Geburtsort ist die eigennationale (Außen-)Politik. Die weist ihm auch die Stunde seiner Geburt zu. Sie fällt dann, wenn es die »realpolitische« Lagebeurteilung der nationalen Außenpolitik als opportun erscheinen läßt, dieses oder jenes Land mitsamt seiner Bevölkerung als nicht weiter hinzunehmendes Hindernis eigener nationaler (Überlegenheits-)Interessen zu deuten. Das allerdings muß der eigenen Bevölkerung rechtzeitig bekanntgemacht und mitgeteilt werden: Jeder im eigenen Land muß schließlich wissen, daß der bisherige Freund gleichsam über Nacht zum »Anderen«, zum »Fremden«, zum Feind geworden ist – bis auf weiteres; auch muß jeder wissen, daß bisherige Feinde nunmehr als Freunde zu betrachten sind – bis auf weiteres. Die Bevölkerung, die Nicht-Elite, befangen in ihrer »natürlichen«, in ihrer »angeborenen« oder in ihrer traditionellen Unwissenheit, könnte nämlich den neuesten Stand der außenpolitischen Berechnungen und des Kurswechsels glatt verschlafen. Und sie könnte, vorurteilsvoll und begriffslos, wie sie »von Natur aus« nun einmal ist, dem Irrglauben verfallen, die Feinde, die eine derartige Politik sich verschafft, gingen sie weiter nichts an.

Diesem Irrglauben darf die Bevölkerung nicht verfallen. Sie muß sich belehren lassen. Mag sie noch so sehr glauben, der politische Feind gehe sie nichts an; mag sie noch so sehr darauf pochen, die Politik habe doch selbst erklärt, die Feindbestimmung falle einzig in ihre Entscheidungshoheit: Folgen soll die Bevölkerung den Feindseligkeiten dieser Politik. Den politischen Feind, den von der Politik ausgewählten und vorgestellten Feind, den und keinen anderen soll die Bevölkerung auch ganz zu dem ihren machen, zu ihrem eigenen privaten oder persönlichen Feind erklären. Die Bevölkerung hat immer jene zu verachten, von denen die Politik behauptet, sie seien verachtungswürdig; und immer soll sie jene achten, von denen die Politik behauptet, sie seien achtenswert. Von oben gelehrt und von unten gelernt will er also sein, der Schematismus von Freund und Feind, von Achtung und Verachtung, von »Völkerfreundschaft« und Völkerfeindschaft.

Das verlangt eine Aufgabe nach innen: Wie können die Feinde, die diese Politik sich schafft, als der Bevölkerung eigene Feinde bestimmt und »überzeugend« dargestellt werden – gerade weil sie nicht dic Feinde der Bevölkerung sind? Wie kann die Bevölkerung dazu gebracht werden, die zu Feinden Erklärten als ihre ureigenen, als ihre unmittelbaren Feinde »zu sehen«? Wie wird der politische Feind zum persönlichen Feind?

Man muß versuchen, den Gegner zu verteufeln, d. h., ihn als das Böse darstellen ..., man muß fortschreitend in der Öffentlichkeit die Idee verankern, daß der Gegner antinational ist ... diese Strategie besteht schließlich in der Verdammung ... moralische Verurteilung

(Front National, 1991, Frankreich)[62]

Die Front National ist eine (biopolitische) ... Bewegung, eine Gesundheitsreaktion gegen die Todesdrohung, wie sie in der Dekadenz, der Subversion und der äußeren Invasion enthalten ist

(Le Pen, 1989, Frankreich)[63]

... eine als natürliche Abwehrreaktion aufkeimende Ausländerfeindlichkeit ...

(Republikaner, 1992, Deutschland)[64]

Der Mensch ist in der Tat ein territoriales Tier ... die Stärke des territorialen Instinktes bei vielen Arten einschließlich des Menschen. Diese, Tiere wie Mensch, ... verteidigen (ihr Territorium)...

(Club de l'Horloge, 1989, Frankreich)[65]

... die natürliche Aggressivität der Völker

(B. Mégret, 1986, Frankreich)[66]

Rechtsextreme Politik will »Realpolitik« sein. Das verlangt eine leidenschaftslose Betrachtung und Beurteilung der Stellung des nationalen Interesses in der Welt und gegen den Rest der Welt. Das eigennationale Interesse, sein welt- und innenpolitischer Erfolg diktieren die Freund- und Feindbeurteilung. Die Feindschaften, die solche Politik schafft, sind nicht verursacht von einem schlechten, von einem allgemein negativen Bild. Eine vorab schlechte Meinung, ein grundsätzlich herabsetzendes oder abwertendes Urteil wäre solcher Außenpolitik hinderlich. Sie wäre befangen in ihrem Vorurteil.

Das versperrte ihr den Blick auf das jeweils Notwendige, auf das Realistische und Machbare. Rechtsextreme (Außen-)Politik verschafft sich Feinde, aber ein Feindbild hat sie selbst nicht – das propagiert sie nur, je nach Bedarf. Feindschaften, die sie begründet, und Freundschaften, die sie knüpft, folgen einem Interesse, nicht einem Gefühl. Ihre Feindseligkeit nach außen, gegen die »Anderen«, gegen die »Fremden«, gegen die »Ausländer«, will realistisch und realpolitisch sein. Ihre Feindseligkeit gegen den Rest der Welt ist unaufgebbar und strategisch zugleich. Oder mit anderen Worten: außen- und machtpolitische Ausländerfeindlichkeit.

Weder **Fremdenfurcht** noch **Bedrohungsangst** sind Maßstab und Leitfaden dieser Politik. Sie kennt nicht das private Gefühl der Angst vor dem »Anderen«, dem »Fremden« oder dem »Ausländer«. Der Erfolg des eigennationalen Interesses gegen den Rest der Welt, das ist ihr archimedischer Punkt, also auch Leitfaden ihrer Feind- und Freundbeurteilung. Deshalb kennt diese Politik ein gleichzeitiges Neben- und Miteinander von Achtung und Verachtung, von Völkerfreundschaften und Völkerfeindschaften, von derzeit geschätzten und derzeit weniger geschätzten Staaten und Bevölkerungen. Rechtsextreme Politik ist nicht moralische Verurteilung oder moralische Verdammung. Diese benützt sie, propagiert sie. Sie selbst aber ist Politik, nicht Moral. Sie benutzt die moralische Verurteilung, aber sie hütet sich, danach zu entscheiden. Sie fordert und fördert das moralische Urteil, aber nicht für sich. Sie will das moralische oder Werturteil, aber Prinzip ihrer Politik ist dieses Urteil nicht. Auch darin ist ihr Feind **politischer Feind:** als leidenschaftlose, als nüchterne Politik weiß sie um **real- d. h. machtpolitische** Gründe diverser Feind- und Freundschaften. Der Fundamentalismus ihrer Ausländerfeindlichkeit ist strategisch, nicht moralisch, nicht be- oder abwertend. Ausländerfeindlichkeit ist zunächst und überhaupt: ein politisches Verhältnis.

Weil aber der politische Feind nur politischer Feind ist, weil der politische Feind eben nur Feind dieser Politik, nicht unmittelbarer Feind der Bevölkerung ist, deshalb muß er zu ihr in ein persönliches Verhältnis gesetzt werden. Von der eigenen Politik aus strategischem Interesse geschaffen, ist der Feind nun einmal da und bestimmt. Aber er soll auch der Feind der Bevölkerung werden. Daher Programm und Strategie: **Man muß versuchen, den Feind zu verteufeln (!), ihn als das Schlechte (!) darzustellen (!). . . Diese Strategie (!) besteht in der Verdammung . . ., in der moralischen Verurteilung.** Und welche Wege solche Strategie des moralischen oder Werturteils in modernen Gesellschaften einzuschlagen hat, wird auch gleich benannt: **Es muß in der öffentlichen Meinung fortschreitend die Idee verankert werden, daß der Feind antinational (!) ist.**

Die Bevölkerung soll vom politisch definierten Feind ein schlechtes Bild, eine schlechte Meinung, eine persönliche »Überzeugung« erhalten. Die öffentliche Meinung soll nicht urteilen, sondern ein moralisches, ein wertendes (Vor-)Urteil annehmen. Nicht objektiv, nicht neutral, nicht unparteiisch hat die Bevölkerung über die »Anderen«, die »Fremden«, die »Ausländer« zu urteilen. Vielmehr sollen moralische oder wertende Urteile eine herabsetzende »Idee«, ein abwertendes Bild in der öffentlichen Meinung verankern. Idee, Bild und Urteil haben parteilich zu sein: prinzipielle Parteinahme für die eigene Politik, mißtrauischer Zweifel an der Politik der anderen. Einmal verankert, ist die moralische oder wertende Parteilichkeit beliebig abrufbar – je nach politischem Bedarf, je nach dem eigenen politischen Kurs: die Bevölkerung lernt, immer genau jene als ihre persönlichen Feinde (oder Freunde) zu »sehen«, von denen diese Politik sagt, sie seien – gegenwärtig – die Feinde (oder Freunde). Der Freund-Feind-Schematismus von unten entspricht dann dem von oben in Umlauf gebrachten Freund-Feind-Schematismus. So lautet das Ideal dieser Politik. Und entspräche der Freund-Feind-Schematismus von unten einmal nicht jenem von oben, dann gälte er eben als **unzeitgemäß, veraltet, überholt, blind, übertrieben, ungerecht(fertigt), unkontrolliert.**

Die angestrebte Verwandlung des äußerlichen, des politischen Feindes in den persönlichen Feind ist dann mit Sicherheit erfolgreich, wenn eine unmündige, eine moralisch oder werturteilende Bevölkerung Partei ergreift: **Der Patriot sieht das Gute, das Schöne, das Wahre im (eigenen) Vaterland** (E. Renan, 1882). Ein Wort, ein Ideal, das folgerichtig Front National (Frankreich), FPÖ (Österreich), MSI (Italien), National Front (Großbritannien), Vatra Romaneasca (Rumänien), Pamjat (Rußland), Republikaner (Deutschland) und andere begeistert: Ist die eigennationale Überlegenheitspolitik als das an sich Gute, als das an sich Schöne, als das an sich Wahre einmal festgehalten; ist dieses Dogma öffentlich und privat anerkannt, dann gelten Absicht und Politik der anderen Länder mitsamt ihren Bevölkerungen immer schon als Sinnbild des an sich weniger Guten, des an sich weniger Schönen, des an sich weniger Wahren. Der moralische Dogmatismus der eigenen Politik als das an sich Gute und nur das Gute wollende bringt »spiegelbildlich« den Dogmatismus über die Politik der anderen als das an sich weniger Gute hervor: Die eigene Politik ist das unumstößlich Gute und auf das Gute zielende; die Politik der anderen neigt dem weniger Guten, der Absicht zum weniger Guten zu. Beweis: Weil die Politik der anderen nicht immer dasselbe will wie die eigene, die immer schon gute und wahre Politik, muß sie etwas wollen, das vom eigentlich Guten und Wahren abweicht. Rechtfertigt die eigene Politik jedes Vertrauen, so rechtfertigt die Politik der andern jedes Mißtrauen. So ergreift jede nationale Öffentlichkeit Partei für die eigene (Außen-)Politik . . . gegen alle anderen. Auf diese moralische oder wertende Parteinahme zielen rechtsextreme Öffentlichkeitsarbeit, Bildungspolitik und Pädagogik. Mündigkeit, eine unparteiische, eine objektiv urteilende Öffentlichkeit widersprächen dieser Politik. Ihre Feinde blieben das, was sie ihrer Natur nach sind: politisch ausgesuchte Feinde; Feinde nur der Politik, nicht auch noch persönliche Feinde der Bevölkerung. Die außen- und machtpolitisch berechnende Ausländerfeindlichkeit verlöre alle gefühlsmäßige Parteilichkeit und Substanz – von unten, von der Seite der Bevölkerung.

So wie viele höhere Wirbeltiere Revierfremde als Eindringlinge vertreiben, so reagieren auch wir Menschen auf Zuwanderer in ein bereits besetztes Gebiet mit archaischen Abwehrreaktionen

(Eibl-Eibesfeldt, 1992, Deutschland)[67]

Ebenso wie ein Organismus, der über keine Immunreaktion mehr verfügt, zum Tode verurteilt ist, ist eine Gesellschaft, die alles duldet, dem Untergang geweiht. . . Wenn sich heute Neger und Asiaten . . . in unserem dicht besiedelten Lebensraum zur Land- und Einflußnahme niederlassen können . . . dann müssen wir . . . die Immunreaktion sein und uns wehren

(Sieg, 1990, Österreich)[68]

Einwanderung bedeutet Anstieg der Drogen, der Prostitution, der Kriminalität. Wer Einwanderern Wohnung und Arbeit anbietet, der ist Feind unseres Volkes

(Manifest der MSI, 1992, Italien)[69]

Saddam, zerstör' Neapel!
Hitler, Du hast vergessen, die Neapolitaner zu vergasen!
Neapel . . ., Du bist die Schande Italiens!

(Spruchbänder in diversen Fußballstadien Norditaliens, 1992, Italien)[70]

Rechtsextreme Politik verlangt eine unmündige Öffentlichkeit. Die Öffentlichkeit soll nicht erkennen, sondern werten. Sie soll nicht wissen, sondern moralisch urteilen. Nicht Erkenntnisurteile, nicht Aufklärung sind hier gefordert, sondern moralische oder Werturteile. Denn nur das Werturteil ergreift im rechtsextremen Sinn Partei: Es stellt sich auf die Seite dessen, was ihm als gut und gerecht vorgegeben wird, bekämpft und verfolgt das Schlechte und das Ungerechte. Das moralische Urteil muß nur wissen, wo das Gute zu Hause oder beheimatet ist. Und es liegt dann »richtig«, wenn es im eigenen Vaterland, in der eigenen Politik »das Gute, das Schöne, das Wahre« (E. Renan) erblickt. Das moralische, das wertende Urteil hat patriotisches Urteil, patriotische Parteilichkeit zu werden. Erziehung zu diesem Urteil und zu dieser Parteilichkeit ist erstes und höchstes Gebot, ist heilige Mission aller Erziehung – dies das Selbstbewußtsein rechtsradikaler Pädagogik.

Werten Öffentlichkeit und Bevölkerung erst einmal die eigene Politik als die gute Absicht, als den Willen, der nur das Gute will, dann erscheint die Politik der Anderen als der Wille, der eben nicht das Gute oder Edle will. Mehr noch: Da sie der eigenen Politik nicht entspricht, ihr vielleicht gar entgegensteht, *kann* »fremde« Politik gar nicht das Gute wollen. Also ist die Politik der Anderen vom Willen beseelt, zu ihrem eigenen Vorteil das Gute zu verhindern, es zu befehden: Die Politik der Anderen ist bösen Willens. Das Gute muß sich wehren – gegen seine Behinderung, gegen seine »drohende« Vernichtung. Der Verteidigungs- und Überlebenskampf des Guten gegen den bösen Willen und die schlechte Absicht der anderen ist gerecht und notwendig zugleich. Und weil die eigene Politik das Gute ist und nur das Gute will, deshalb ist die Politik der Anderen als Feind des Guten zugleich: anti-national. Die eigene Nation ist Inbegriff des Guten, also ist alles Nichtnationale des bösen Willens und der schlechten Absicht verdächtig. Alles Nichtnationale oder nichtnational Erscheinende gilt als feindlich gesinnt oder *ist* der Feind. Deshalb **muß fortschreitend in der Öffentlichkeit die Idee verankert werden, daß der Gegner antinational ist ... diese Strategie besteht schließlich in der Verdammung ... (in der) moralischen Verurteilung** (Front National) – dies die Maxime rechtsextremer Erziehungs- und Öffentlichkeitsarbeit. Der Kampf gegen Aufklärung und Mündigkeit ist rechtsextremer Strategie zwingend eingeschrieben.

Urteilt die Öffentlichkeit nur noch wertend, nur noch parteilich; ist einmal die eigene Politik als das Prinzip des Guten öffentlich anerkannt; vertraut die Bevölkerung in patriotischer Parteilichkeit auf den prinzipiell guten Willen der eigenen Politik . . ., dann ist der Schematismus der Wahrnehmung, der Schematismus der Feind- und Freundbeurteilung vollendet. Dann gelten alle Nachrichten aus der Heimstatt des Guten als »wahr« und »überzeugend«. Und jede Mitteilung, die über die Heimstatt des Schlechten oder Bösen vermeldet wird, trägt das Siegel unbezweifelbarer Glaubwürdigkeit an sich – ebenso, wie jede Nachricht aus dem Munde des Bösen keiner Prüfung mehr bedarf: Sie ist von Anbeginn an unglaubwürdig. Dann ist auch *endgültig* entschieden, daß es einen Feind gibt; der ist antinational, er widersetzt sich der eigenen Nation, die das Gute ist und das Gute will. Mehr noch: Schon durch sein Dasein beweist er, daß er das Gute bestreitet. Er ist Gegner des Guten, er bekämpft das Gute, denn er ist seinem Wesen, seiner Natur, seinen Handlungen nach: nicht- oder **anti-national,** er ist also das Böse. Dagegen ist jede **Abwehr,** jede **Verteidigung,** jeder **Überlebenskampf,** jedes **Recht auf Selbstbestimmung** nicht nur gut, nicht nur ehrenhaft, nicht nur Pflicht: der Wille, der das Gute will und sich des Bösen erwehrt, ist menschlich und darüber hinaus ziemlich gesund. Krankhaft oder gestört muß der Wille sein, der bei Strafe des Untergangs das Gute nicht verteidigt, indem er dem Bösen nicht wehrt: Rechtsextreme Politik ist deshalb **Biopolitik** (Le Pen): **Gesundheitsreaktion** (Le Pen) oder **Immunreaktion** (Sieg, Österreich). Sie ist »Reaktion« des unbezweifelbar Guten und deshalb Gesunden gegen den Feind des Guten, der nur das Böse wollen kann. Also muß das Gute den Feind bekämpfen und vernichten. National oder nichtnational, Freund oder Feind, Wir oder Ihr, entweder – oder . . . dies der Standpunkt rechtsextremer Politik. Dem Schematismus dieses Standpunktes tut der Widerspruch, daß er *politischer* Aufruf zu einer doch als biologisch oder naturnotwendig deklarierten Immunreaktion ist, ebensowenig Abbruch, wie er sich tatsächlich immun gemacht hat gegenüber der politischen Gewalttätigkeit seines Urteils: Nichtnationales ist feindlich gesinnt, gehört also verdächtigt, beobachtet, verfolgt, gejagt, hinweggesäubert.

Parteilichkeit und Schematismus des moralischen oder Werturteils sind vollendet: Alles aus dem Reich des Guten ist »von Natur aus« glaubwürdig, »also wahr und überzeugend«; alles aus dem Reich des Feindes, des Gegners, des Nichtnationalen, des Bösen ist, spiegelbildlich, »von Natur aus« unglaubwürdig, also unwahr, falsch; und mehr noch: Es gilt als empirischer »Beweis« und Bestätigung der schlechten Absicht. Deren Möglichkeiten zur Vernichtung des Guten sind mannigfaltig: **Dekadenz, Subversion** (d. h. Invasion von innen), äußere Invasion durch fremde Kolonisatoren – unendliche Mittel und grenzenlose Techniken, sich des Guten zu bemächtigen und es dem fremden, nichtnationalen, also von Natur aus bösartigem Willen zu unterwerfen. So stellt sich die eigene Politik einem Schutzwall gleich um das heilige Reich des Guten: Solche Politik sichert das Überleben, schützt vor der **Bedrohung,** bewahrt vor **Untergang** und **Apokalypse . . .**

Auf diese Weise verwandelt rechtsextreme Politik ihr außenpolitisches Überlegenheitsprogramm nach innen in das fraglos Gute. Alles, was dem nicht dient oder nützt, wird zum Ausdruck von bösem Willen und schlechter Absicht, die das Gute behindern, also seine Feinde sind: Das Feindbild ist vollendet. Eine Öffentlichkeit, die sich Parteilichkeit und Schematismus des (patriotischen) Werturteils zur Gewohnheit gemacht hat; eine Öffentlichkeit, die gelernt hat, nur noch so wahrzunehmen und zu urteilen, diese Öffentlichkeit nimmt das »Angebot« an: Der politische Feind, **in den prinzipiellen Feind des Guten verwandelt,** ist zum persönlichen Feind geworden. Das innenpolitische Kunststück ist gelungen: Der nur politische Feind ist umgedeutet zur unmittelbaren **Bedrohung** oder **Gefahr.** Das Feindbild funktioniert, das Urteil schematisiert. Jetzt verdient der Feind, das Nichtnationale, alle moralische Mißbilligung und Verachtung. Jetzt ergreift die Bevölkerung mit ihrer ganzen Leidenschaft Partei – für die moralische Mißbilligung und Verachtung des nunmehr persönlich gemachten Feindes. Berechtigt und gerecht ist diese Leidenschaft namens Haß, denn sie wehrt dem Bösen, weil sie das Gute will. Ihre Berechtigung lebt aus der Parteinahme für das Gute. Also ist auch ihr **Kampf,** ihre **(Abwehr-)Schlacht,** ihr **Gefecht,** ihr **Aufruf** eine gerechte

Sache ... im Namen des Guten. Das ist sie, die berühmte Ausländerfeindlichkeit (von unten) – mitsamt ihrem Selbstbewußtsein und »Wissen« um das Gute, um das Schöne, um das (einzig) Wahre. Jetzt gilt sie als **natürliche(!) Abwehr(!)reaktion(!)** (Die Republikaner) eines gesunden, weil durch und durch guten Willens. Sie behauptet sich gegen die **natürliche(!) Aggressivität der Völker(!)** (B. Mégret), weil nur sie selbst das Gute (in diesem Falle: das Nichtaggressive) ist und das Gute will – was alle anderen Ausländerfeindlichkeiten von sich selbst auch behaupten: Die eigene Ausländerfeindlichkeit ist keine, weil sie das Gute ist und das Gute will. Ihr Selbstverständnis, ihr gutes Gewissen lassen die eigene Ausländerfeindlichkeit gleichsam als nicht vorhanden erscheinen. Im eigenen Land gibt es sie nicht, in den anderen Ländern ist sie immer zu Hause: **natürliche Aggressivität der Völker** – der anderen nämlich.

Rechtsextreme Politik stellt sich gegen den Rest der Welt. Darum hat sie Feinde. Sie selbst hat kein Feindbild, aber sie bringt ein Feindbild nach innen in Umlauf. Das nennt sie ihre »Strategie« – gegenüber der eigenen Öffentlichkeit. Die soll an die Schlechtigkeit des politisch ernannten Feindes glauben. Darum muß der politisch eröffnete Feind gegenüber der Bevölkerung mit der moralischen Verdammung oder Verurteilung zusammengebracht werden. Die Bevölkerung soll schematisieren und werten lernen. Sie muß vorbehaltlos für die eigene Politik Partei ergreifen, damit sie Gut und Böse immer genau zu scheiden weiß – auf Mitteilung und Geheiß eben dieser Politik. Dann dient jede Mitteilung über den Feind als Beweis für dessen nichtnationale, schlechte Absicht. So lernt die Bevölkerung Feindbildern zu glauben. Der Glaube an das Feindbild verwandelt den politischen Feind zum persönlichen Gegner. Ihn zu bekämpfen wird persönlicher Auftrag. **Parteinahme** ist hergestellt und mit ihr auch die **Empfindung** und das **Gefühl: National** oder **Nichtnational, Freund** oder **Feind, Wir** oder **Ihr, Achtung** oder **Verachtung, Entschuldigung** oder **Beschuldigung.**

Die Feindseligkeit rechtsextremer Politik gegen den Rest der Welt versteht sich als Realpolitik. Die machtpolitische

Ausländerfeindlichkeit (von oben) ist somit leidenschaftslos und strategisch. Die Ausländerfeindlichkeit der Bevölkerung, die Ausländerfeindlichkeit von unten ist moralisch, wertend, also leidenschaftlich und blind. Sie lebt von den Feindbildern, die rechtsextreme Politik in Umlauf bringt. Das macht die Blindheit der Ausländerfeindlichkeit von unten nicht sehend, weist ihr aber die »richtige« Richtung zu: Sie muß »wissen«, wann und gegen wen es geht. Die Ausländerfeindlichkeit von oben ist parteilich und realistisch. Die Ausländerfeindlichkeit von unten ist parteilich und gläubig: Sie ist hörig und abrufbereit. Das liegt in der Natur des moralischen oder Werturteils: Die Parteinahme für das Gute bringt die Parteinahme gegen das Nichtgute hervor. Der Schematismus, der die eigene Politik und die eigene Nation mit dem Guten zusammenlegt, begründet den Schematismus des Nichtnationalen als des Nichtguten: Das Nichtnationale ist prinzipiell schlecht und schlechten Willens. Darum weiß sich die Ausländerfeindschaft von unten immer im Recht, wenngleich die außenpolitische Ausländerfeindschaft von oben sie zuweilen korrigieren möchte und zum Kurswechsel aufruft. Denn, so das rechtsextreme Ideal: Immer soll der Freund-Feind-Schematismus von unten den realpolitisch berechneten Bewegungen und Kurskorrekturen des Freund-Feind-Schematismus von oben entsprechen; dazu und zu nichts anderem ist der Freund-Feind-Schematismus von unten berufen.

Vollends ins Recht und damit zur eigenen Verfügungsfreiheit setzt rechtsextreme Politik die Ausländerfeindschaft von unten, wenn sie diese zur unausweichlichen Natur, zur biologischen oder anthropologischen Tatsache des Menschseins, zur existentiellen Daseinsbedingung des Menschen, des menschlichen Lebens, des Lebens überhaupt verklärt. Dann gilt der Mensch als **territoriales Tier** (Club de l'Horloge), als **höheres Wirbeltier** (Eibl-Eibesfeldt), dessen **Territorialinstinkt** und **archaische Abwehrreaktionen,** dessen »angeborene« Fremdenangst und Fremdenfurcht, dessen anthropologisch-biologisch verankertes Schutz-, Überlebens- und Bedrohungsgefühl, dessen in Jahrmillionen übertragene und phylogenetisch erworbene (Fremden-, Eindringlings-, Invasoren-)**Abwehrmechanismen** – *immer auf Geheiß von oben* sehr genau zu unterscheiden wisse, wer von den unzähligen Unbekannten, Fremden, Nichteinheimischen und Ausländern zur Kategorie der Freunde und wer zur Kategorie der Feinde gehöre. Der Mensch, das **territoriale, höhere Wirbeltier,** mitsamt seiner »angeborenen« und »naturgegebenen« Fremden- oder Ausländerfeindlichkeit wisse immer sehr genau, ganz nach Maßgabe rechtsextremer Politik und demgemäßer Feindbildpflege, zwischen willkommenen, weniger willkommenen, unwillkommenen und absolut unerwünschten Unbekannten, Fremden, Nichteinheimischen, Ausländern zu unterscheiden: Anthropologie, Biologie, Ethologie – die »Natur« des Menschen ganz im Dienst des Freund-Feind-Schematismus von oben, ganz zu Diensten der Politik und ihrer souveränen Entscheidung über Freund und Feind. Das ist das ausgesprochene Ideal dieser Politik, das meint sie in ihrer Selbstbezeichnung als **Biopolitik** (Le Pen): rechtsextreme Politik als Biopolitik der **höheren Wirbeltiere** namens Mensch.

Die Ausländerfeindlichkeit der Bevölkerung, die Ausländerfeindschaft von unten, unwissend wie sie der Sache nach ist, muß immer informiert sein, wann und gegen wen es geht. Denn die (gesunde) **Immunreaktion** hat ihre **Abwehrkräfte** oder **-mechanismen** gegen die Richtigen zu richten. Die **Biopolitik** nennt ihr die Richtigen zur rechten Zeit am rechten Ort. Werden Ausländer oder Einwanderer gelegentlich nicht benötigt, so bedarf die Strategie der moralischen Ab- und Verurteilung des Feindes »nur« der »Beweise« einer unmittelbaren Schädigung oder Bedrohung der Bevölkerung: von bösem Willen beseelte Ausländer, Flüchtlinge oder Einwanderer der heutigen Zeit trachten nur danach, das Gute, das Schöne, das Wahre zu behindern, zu zerstören, zu vernichten. Beweise: Ihre schlechten Absichten gehen dahin, Drogen, Kriminalität, Prostitution, Umweltzerstörung, Armut, Aids u. ä. m. zu importieren, zudem Mädchen, Arbeitsplätze, Wohnungen und zukünftig anderes wegzunehmen. All dies nur zum Zweck, das Gute zu vernichten. Nichts ist gerechter, als daß das Gute sich wehrt und das Böse verhindert oder gleich »endgültig« vernichtet. Auch Rache ist, so besehen, eine Sache des Guten und der (ausgleichenden) **Gerechtigkeit.**

Die Ausländerfeindlichkeit der Bevölkerung, die Ausländerfeindlichkeit von unten, geht zuweilen indes ihre eigenen Wege. Warum sollten moralisches Mißtrauen und die allzeit bereite und abrufbare Verurteilung und Verdammung immer auf Anweisung und Vollstreckung von oben nur warten? Im Namen des Guten und Gerechten macht sich solche Ausländerfeindlichkeit, ungeduldig und unduldsam geworden, mitsamt ihrer Leidenschaft ganz persönlich zum höchsten Richter und Vollstrecker über das (gegenwärtig) Böse oder Schlechte: Hoyerswerda, Rostock, Mölln ... Aber im Namen des Guten und Gerechten schreitet sie noch weiter. Warum sollte sie auf der Suche nach dem Nichtnationalen nicht auch die eigene Bevölkerung der Prüfung und dem höchsten Gericht der moralischen Inquisition unterwerfen? Dann wird nicht mehr nur noch nach un-deutschen, un-französischen, anti-österreichischen, anti-britischen, anti-polnischen, anti-rumänischen, anti-russischen, anti-serbischen Elementen gefahndet und das moralische Verdammungs- oder Gottesurteil gesprochen. Dann erklärt die fortgeschrittene Ausländerfeindschaft von unten gleich eine ganze Hälfte der eigenen Bevölkerung zu unpatriotischen, zu anti-nationalen Elementen, zu unverbesserlichen Verrätern am unfehlbar Guten des eigenen Vaterlandes. Im Namen Italiens heißt es dann in Brescia, in Venedig, in Mailand und in anderen norditalienischen Fußballstadien: **Saddam, zerstör' Neapel! Hitler, Du hast vergessen, die Neapolitaner zu vergasen! Neapel, Schande Italiens!** – Sprache und praktische Empfehlungen des moralischen, des Werturteils in seiner Parteinahme für das an sich Gute, das dort den Namen Italien trägt, Standpunkt der moralischen, der nichtrealpolitischen Ausländerfeindlichkeit von unten, die nur das Gute will und den Feind des Guten verachtet, verfolgt: konsequent, also restlos geblendet.

7. Erziehung zur Unmündigkeit

Die Wirklichkeit läßt sich nicht erkennen, sie läßt sich nur anerkennen

(E. Forsthoff, 1933, Deutschland)[71]

Ein Bewußtsein von den Grenzen menschlicher Erkenntnisse und daraus erwachsende Bescheidenheit

(Republikaner-Programm, 1990, Deutschland)[72]

. . . je mehr sie wissen, um so mehr wissen sie, daß sie wenig wissen . . . der Mensch . . . hat gelernt, bescheiden zu werden

(Le Pen, 1989, Frankreich)[73]

. . . Tatbestand der Untrennbarkeit von Volk, Nation und Staat ein unbedingtes, jenseits aller Diskussion befindliches Prinzip

(Republikaner-Programm, 1990, Deutschland)[74]

Materialismus, Rationalismus . . . (widersprechen) der Natur des Menschen

(Lorenzener Erklärung, 1989, Österreich)[75]

Eine Nation ist also eine große Solidarität, gegründet auf Opfersinn

(E. Renan, 1882, Frankreich)[76]

Jugend muß zur größten, bedingungslosen Hingabe fähig sein

(Le Pen, 1989, Frankreich)[77]

Mündigkeit heißt, sich selbst seines Verstandes ohne Führung, ohne Leitung zu bedienen. Der mündige oder vernünftige Verstand will nur wissen, was ist und warum etwas so ist, wie es ist. Dazu braucht er keine Anleitung, keine Führung, keine Vorschrift, auch kein moralisches oder ethisches Gebot, kein Ideal, keinen Maßstab. Er prüft und erforscht die Wirklichkeit, wie sie ist, und wenn er sie kennt, dann hat er sie erkannt. Er weiß, wie und warum sie ist. Er hat sich ein Urteil über sie gebildet. In diesem Urteil hat er die Eigenschaften der Wirklichkeit zusammengefaßt. Das Urteil ist objektiv, ein Erkenntnisurteil. Der Verstand weiß Bescheid. Er muß sich nicht erzählen oder vorbuchstabieren lassen, wie die Wirklichkeit ist, er weiß es selbst. Er ist aufgeklärt, er ist mündig. Darum ist Aufklärung immer auch Mündigkeit, Mündigkeit immer auch Aufklärung. Und weil jeder Mensch sein ganzes Leben lang urteilt, deswegen hat jeder Mensch auch Verstand. Diese Trivialität, die auch Rationalismus heißt, bestreitet der Rechtsextremismus. Gegen Erkenntnisurteile, gegen Aufklärung, gegen Mündigkeit verlangt er das (Vor-)Urteil der Achtung und Verachtung, die Einteilung der Welt in Freund und Feind. Erziehung hat die Aufgabe, das Urteilen in Achtung und Verachtung zu »lehren«. Das sind dann die **bewährten pädagogischen Strukturen und Grundsätze** (Republikaner Programm, 1987).

Mündigkeit heißt, die Wirklichkeit – Natur, Gesellschaft, Nation, Politik, Welt – erkennen und so gestalten, daß der einzelne davon etwas hat. Schließlich hat der Mensch Verstand und kann damit die erkannte Wirklichkeit seinen Bedürfnissen und Wünschen gemäß beeinflussen. Seine Bedürfnisse erfüllen, sein Glück besorgen ist das Gegenteil von Bescheidenheit: Denn mit wachsender Erkenntnis, mit der Ausweitung des Wissens wachsen auch die Möglichkeiten, die Bedürfnisse zu erweitern und zu erfüllen. Die menschliche Erkenntnis ist dabei prinzipiell grenzenlos. Niemand kann sagen, die absolute Grenze menschlicher Erkenntnis sei heute bereits erreicht – morgen schon kann diese Behauptung überholt sein. Auch diese Trivialitäten bestreitet der Rechtsextremismus energisch und erklärt, sie widersprächen der

Natur des Menschen. Mündigkeit und Aufklärung hält er für widernatürlich. Er bekämpft Mündigkeit und Aufklärung der Bevölkerung, auch wenn er an den berühmten mündigen Bürger immerzu appelliert.

Die Behauptung, die Wirklichkeit lasse sich nur *an*erkennen, nicht *er*kennen, ist ein Widersinn. Denn nur, wer die Wirklichkeit gänzlich erkannt hat, kann von ihr behaupten, sie habe die Eigenschaft, nicht erkennbar zu sein. Der das sagt, der sagt: Ich, der rechtsextreme Politiker, ich habe die gesamte Wirklichkeit geprüft und erforscht, und mein Ergebnis lautet: Sie ist nicht zu erkennen – dies ist das Ergebnis meiner Erkenntnis. Eine widersprüchliche, also unhaltbare Behauptung, denn sie besagt: Ich habe erkannt, nichts kann man erkennen, das aber will ich erkannt haben. Doch bezeichnend für den rechtsextremen Erzieher oder Politiker ist diese Behauptung schon. Denn derjenige, der behauptet, die Wirklichkeit sei nicht zu erkennen, der sagt damit zugleich, nur er, nicht aber die anderen, die Bevölkerung, seien zur Erkenntnis der Wirklichkeit fähig. Dasselbe gilt für die Behauptung der Grenzen menschlicher Erkenntnis. Wenn der Rechtsextremismus behauptet, die menschliche Erkenntnis sei begrenzt, so meint er damit: Ich selbst, ich habe die gesamte Wirklichkeit und die gesamte menschliche Erkenntnis der Vergangenheit, der Gegenwart und der Zukunft erkannt und ich erkläre sie hiermit für begrenzt. Also ist meine Erkenntnis aber grenzenlos gültig, weil sie allein die Grenzen menschlicher Erkenntnis erkennen kann. Einzig meine Erkenntnis, daß die menschliche Erkenntnis begrenzt sei, ist grenzenlos gültig. Rechtsextreme Politik hat erkannt, daß den Menschen, den Bevölkerungen, Grenzen des Erkennens gesetzt sind: Der Mensch, die Bevölkerungen, sind prinzipiell beschränkt.

So versucht der Rechtsextremismus, die **Untrennbarkeit, die Identität von Volk, Nation und Staat als ein unbedingtes, jenseits aller Diskussion befindliches Prinzip** (Republikaner-Programm, 1990) behaupten zu können. Aber wer behauptet, irgendeine Sache sei unbedingt und ein jenseits aller Diskussion befindliches Prinzip, der *behauptet* das eben nur.

Denn mit dieser Behauptung ist sofort die Frage gestellt, ob sie denn stimmt; ob das, was als jenseits aller Diskussion behauptet wird, auch jenseits aller Diskussion *ist.* Es gibt also überhaupt nichts, was aller Prüfung und aller Diskussion je entzogen wäre, am allerwenigsten die Behauptung, es gäbe etwas Unbedingtes jenseits aller Diskussion – denn das bedarf sofort wieder der Prüfung und der Diskussion.

Es ist der Rechtsextremismus, der behauptet, dieses oder jenes sei jenseits aller Diskussion – womit er lediglich sich selbst und seine Politik gerne als ein jenseits aller Diskussion befindliches Prinzip hätte. Weil das nicht möglich ist, aber möglich sein soll, muß diese Politik Mündigkeit und Aufklärung bekämpfen. Denn sie will unwidersprechbar sein. Dann aber kann sie Mündigkeit und Aufklärung nicht wollen.

Der Bevölkerung bleibt die Erkenntnis, daß sie zur Erkenntnis unfähig ist. Also muß sie sich von der rechtsextremen Sicht der Wirklichkeit führen, orientieren, anleiten lassen: sie soll ja wollen, was diese Politik will. Die Ziele dieser Politik sollen das oberste, das unbezweifelbare, das unbedingte Prinzip im Urteilen der Bevölkerung sein. Und wenn der Zweck dieser Politik, die Überlegenheit der eigenen Nation, als Leitmotiv, als Gebrauchsanweisung für den Verstand und das Urteilen einmal funktioniert, dann hat der Rechtsextremismus eine Bevölkerung, die er gebrauchen kann, denn diese urteilt nur noch patriotisch. An alle Wirklichkeit trägt dieses Urteil nur eine einzige Frage, nur eine Art von Prüfung heran: dient oder behindert die Wirklichkeit die unbedingte Überlegenheit der eigenen Nation? Dementsprechend wird die Welt eingeteilt: in Achtung und Verachtung, in Freund und Feind. Wie die Wirklichkeit *wirklich* ist und warum sie so ist, wie sie ist, das kann hier nicht mehr die Frage sein. Die Bevölkerung hat ein patriotisches Urteil, einen patriotischen Verstand. Sie kennt nur noch das Vorurteil. Im Vor-Urteil liegt die Überlegenheit der eigenen Nation als das Apriori, als das Prinzip, als die Gebrauchsanweisung, als Schematismus der Einteilung der Welt und Wirklichkeit in Achtung und Verachtung, in Gut und Böse, in Freund und Feind, immer dem Urteil schon voraus.

Rechtsextreme Politik will eine Bevölkerung, die die Wirklichkeit nicht erkennt, sondern sich in deren bloßer *An*erkennung von ihr, der rechtsextremen Politik, führen läßt. Die Bevölkerung soll Welt und Wirklichkeit bewerten, nicht aufgeklärt prüfen. Dabei ist es immer rechtsextreme Politik, die die Gebrauchsanweisung für die aktuelle Freund-Feind-Beurteilung durch die Bevölkerung vorgibt: Sie buchstabiert der Bevölkerung die Wirklichkeit vor. Die gläubige, die patriotische Bevölkerung folgt dem prinzipiellen Schema dieser Politik: Wer oder was behindert den Erfolg, die Überlegenheit der eigenen Nation? Und wenn die so gedeutete Wirklichkeit Opfer und Dienst und Hingabe – auch bis zur letzten, zur bedingungslosen Hingabe – verlangt, so muß es eben sein: Die nicht*er*kannte, bloß *an*erkannte Wirklichkeit verlangt und gebietet es.

Der Kampf gegen Aufklärung und Mündigkeit ist notwendig für diese Politik. Denn Unwissenheit und Unmündigkeit der Bevölkerung sind ihre Voraussetzung. Nur so läßt sich die Bevölkerung von dieser Politik führen. Ohne die Unmündigkeit, ohne den Schematismus des patriotischen (Vor-)Urteils, ohne den patriotisch beschränkten Verstand der Bevölkerung wäre diese Politik nicht zu verwirklichen. Darum lautet das Erziehungsprogramm des Rechtsextremismus aller europäischen Länder: Kampf gegen Aufklärung, Kampf gegen Mündigkeit, **Kampf dem Rationalismus, gegen inter- oder multikulturelle Erziehung;** für eine **Erziehung im nationalen Geist,** für eine **patriotische, nationalbewußte . . . Erziehung,** für eine Erziehung, die **Achtung** lehrt, **geistig-moralische Wende / Erneuerung / Renaissance / Wiedererweckung / Erhebung / Selbstbesinnung . . .**

Rechtsextremismus, Aufklärung, Mündigkeit: immer dann, wenn rechtsextreme Politik die **Grenzen menschlicher Erkenntnis,** die **Widernatürlichkeit der Aufklärung,** die **Unfähigkeit immer mehr zu wissen,** predigt; immer dann, wenn sie vor der **Gefährlichkeit des Rationalismus** warnt und die **Sinn- und Nutzlosigkeit des Intellektualismus** verkündet; immer dann, wenn sie den Zweifel kritisiert, den

Glauben hofiert und von der **Unfähigkeit der menschlichen Natur, alles zu erkennen,** redet – dann sollte die Bevölkerung wissen, es geht gegen sie; dann soll ihre Unmündigkeit dazu benutzt werden, dieser Politik zu dienen. Die führt und leitet die Unmündigen an, vertraut auf das patriotische (Vor-)Urteil und ist sich einer Bevölkerung sicher, die Welt und Wirklichkeit so beurteilt, wie die rechtsextreme Politik selbst sie beurteilt. Mit einer Bevölkerung, die nur nach dem Schema Achtung und Verachtung, Freund–Feind zu urteilen gelernt hat, kann Überlegenheits- und Weltmachtpolitik in Angriff genommen werden.

8. Weniger Demokratie ist besser – wozu, für wen?

... bestimmte Bereiche, die ihrer Natur nach nicht »demokratisierbar« sind (z. B. Schule, Erziehung, Heer) ... Schule und Universität ... grundsätzliche Nicht-Demokratisierbarkeit dieser Bereiche ...

(Lorenzener Erklärung, 1989, Österreich)[78]

Der Franzose, von großen Ideen eingenommen und von wahren Chefs geführt, sei es im Unternehmen, sei es in der Armee, geht weiter als jeder andere

(Le Pen, 1985, Frankreich)[79]

Die Politiker haben eine heilige Aufgabe, nämlich die Wahrheit, so hart sie auch sei, ihren Völkern mitzuteilen

(Le Pen, 1989, Frankreich)[80]

Authentische Demokratie herrscht, wenn es nichts gibt, das der Prüfung durch den Verstand und der allgemeinen, der öffentlichen Diskussion entzogen ist. Authentische Demokratie herrscht, wenn alles – Natur, Gott, Religion, Welt, Staat, Nation, Politik, Tradition, Kultur, Geschichte – sich zwanglos und ohne Scheu der Prüfung durch den Verstand stellt und jeder, der es will, diese Prüfung vornehmen kann. Authentische Demokratie herrscht, wenn niemandem, unter welchem Vorwand auch immer, die Möglichkeit zur Prüfung verweigert wird. Denn selbst die Behauptung, dieser oder jener Mensch sei zur Prüfung der Wirklichkeit durch den Verstand unfähig, bedarf selbst wieder der Prüfung. Authentische Demokratie herrscht also, wenn es nichts gibt, das dem

Zweifel und der Infragestellung durch den Verstand aller entzogen ist. Denn jede Prüfung setzt den Zweifel voraus, beginnt mit einer Frage an die Wirklichkeit. Darum ist authentische Demokratie nur dort, wo Mündigkeit und Aufklärung herrschen. Ohne Mündigkeit und Aufklärung gibt es keine authentische Demokratie.

Natur und Wirklichkeit kann es gleichgültig sein, ob sie durch den menschlichen Verstand geprüft werden. Sie sind, wie sie sind, wer etwas von ihnen wissen will, der muß sich an die Arbeit machen. Es kann also nur ein merkwürdiger Grund sein, wenn der Rechtsextremismus behauptet, Schule, Erziehung, Universität, Unternehmen, Armee – im Grunde alle entscheidenden Bereiche im Leben der Bevölkerung – seien **ihrer Natur nach** der Prüfung durch den Verstand unzugänglich. Die Natur jedenfalls hat nirgendwo geschrieben oder befohlen, diese Bereiche hätten für die Verstandesprüfung unerreichbar zu sein. Und die rechtsextreme Behauptung, diese Bereiche seien nicht zu prüfen, auch sie will erst einmal überprüft sein. Somit gibt es keine unprüfbaren Bereiche – es sei denn, ein Machtwort verweigert, verhindert oder verbietet die Prüfung. Nur so, durch Machtspruch, können der mündigen, können der aufklärenden Prüfung Bereiche entzogen werden. Warum aber sollten sich Erziehung, Schule, Universität, Unternehmen, Armee nicht ganz unbefangen der Verstandesprüfung stellen? Einen plausiblen, einen vernünftigen Grund kann es für diese Verweigerung nicht geben. Aber der Rechtsextremismus offenbart selbst, warum er diese Bereiche als **nicht demokratisierbar**, als nicht überprüfbar behauptet.

Weil der Rechtsextremismus eine Erziehung und Politik der Unmündigkeit ist, weil er eine Erziehung und Politik zum patriotischen Vorurteil ist, deshalb braucht er Einrichtungen, die **diese** Erziehungsziele verwirklichen. Es wäre absurd, Unmündigkeit und patriotisches Vorurteil der Bevölkerung zu wollen und ausgerechnet aufklärende Einrichtungen damit zu beauftragen. Eine Politik, die unmündige, patriotische Erziehung will, kann keine aufklärende Einrichtungen wollen: Diese widersprächen sich selbst, sollten sie aufklärend sein und gleichzeitig Unmündigkeit lehren. *Darum* muß diese Politik behaupten, es gäbe Einrichtungen, die nicht demokratisierbar seien, sollen sie doch zur patriotischen Unmündigkeit erziehen.

Rechtsextreme Politik lebt von der Unmündigkeit der Bevölkerung. Gefragt ist hier eine Bevölkerung, deren Verstandesgebrauch von dieser Politik geführt und angeleitet wird, und nicht eine Bevölkerung, die *diese Politik* überprüft, anzweifelt oder in Frage stellt. Nur so sichert sich diese Politik ihr Recht auf Bevormundung und Führung. Ist die Bevölkerung zum Erkennen unfähig und den **natürlichen, biologischen** und **anthropologischen Grenzen** ihres Verstandes ohnehin unterworfen, dann muß sie das Erkennen der Wahrheit und Wirklichkeit schon denen überlassen, die einzig dazu berufen und in der Lage sind: rechtsextremen Politikern. Sie, und nur sie, teilen der Bevölkerung den neuesten Stand der Wahrheiten mit, eine heilige, weil unbezweifelbare Aufgabe, und die Bevölkerung folgt in gläubiger Bescheidenheit und Hingabe. So dient sie »unzweifelbar« dieser Politik. Daß der Dienst an ihr für die Bevölkerung nicht erfreulich ist, weiß rechtsextreme Politik. Darum nennt sie ihre Wahrheiten vorsorglich erstens unbezweifelbar, zweitens hart.

Rechtsextremismus, Demokratie, Mündigkeit: Der Rechtsextremismus kann Demokratie nicht wollen, weil er Unmündigkeit will. Denn die Unmündigkeit der Bevölkerung ist die Garantie dafür, daß er sein Recht auf Bevormundung sichern kann; und die Bevormundung gibt ihm die Sicherheit dafür, sich die Bevölkerung bei Diensten zu halten. Dementsprechend will rechtsextreme Politik »ihre« zukünftige Gesellschaft samt Schule, Erziehung, Universität, Unternehmen etc. einrichten: Eine Gesellschaftsordnung zu Diensten nationaler Weltmarkt- und Weltmachterfolge. Das ist Zweck und Inhalt der angekündigten, berühmten oder berüchtigten **(Neo-)Konservativen** oder **Nationalen Revolution**. Und die darin angemeldete **soziale Revolution** dient keinem anderen Zweck als dem **Erfolg der (Neo-)Konservativen** oder **Nationalen Revolution**. Die Nationale Revolution übernimmt die Vormundschaft über die Bevölkerung.

Die soziale Revolution legt die gesellschaftlichen Einrichtungen auf die Bevormundung über die Bevölkerung institutionell fest. Das ist sie dann, **die Gesellschaft der Zukunft** (Leitsätze der NPD, 1972).

9. Eliten – Nichteliten: die Gleichheit der Ungleichen

Was wir brauchen, sind Eliten und keine Gewerkschaftsparlamente

(F. Schönhuber, 1987, Deutschland)[81]

daß Eliten für jede . . . Gesellschaft eine Notwendigkeit sind

(A. de Benoist, 1984, Frankreich)[82]

die vorgegebenen Unterschiede . . . auch an menschlicher Würde

(Lorenzener Erklärung, 1989, Österreich)[83]

Das Land braucht positive Eliten

(Kärntner Nachrichten, 1987, Österreich)[84]

Denn eine Gesellschaft ohne Eliten geht an der geistigen Mittelmäßigkeit zugrunde

(J. Haider, 1989, Österreich)[85]

. . . *Eine große Politik nationaler Brüderlichkeit*

(B. Mégret, 1990, Frankreich)[86]

Leider sind die Leute noch eine Masse, wir sind die Avantgarde, die die Masse erziehen wird

(Ein italienischer Skinhead, 1992, Italien)[87]

Rechtsextreme Politik muß Unmündigkeit wollen und Aufklärung bekämpfen. So sichert sie ihr Vorrecht, ihren Alleinanspruch, das mitzuteilen, was sie die **Wahrheit, die Notwendigkeit,** die unausweichlichen, die objektiven Sachzwänge nennt. Der Bevölkerung bleibt nur die Anerkennung dieser Wirklichkeit, dieser von rechtsextremer Politik gewünschten oder gesetzten Wirklichkeit. Die Politik führt, sie sagt der Bevölkerung die Wahrheit; die Bevölkerung sieht, beurteilt das genauso und folgt. Das ist das Ideal. Weil rechtsextreme Politik die Bevormundung der Bevölkerung braucht, muß sie Gleichheit, die gleiche Möglichkeit aller zur Prüfung, zum Erkennen bestreiten und bekämpfen. Nicht die Bevölkerung hat die Politik zu prüfen, die Politik prüft und kontrolliert die Bevölkerung. Die menschliche Natur soll wieder Zeuge dafür sein, daß die Bevormundung der Bevölkerung sein muß: **Gleichheit** ist deshalb **nicht möglich, Gleichheit ist utopisch, Gleichheit ist totalitär** – laut Sprache dieser Politik.

Die Natur kennt keine Bevormundung oder Befehlsgewalt der Politik über die Bevölkerung. Das hindert den Rechtsextremismus keineswegs, die Beschränktheit der Bevölkerung, ihre geistige Mittelmäßigkeit, den Mangel an menschlicher Würde der Nichteliten als naturgegeben zu behaupten. Aber wäre dem so, dann ist nicht zu verstehen, warum ein Erziehungswesen notwendig sein soll, das den Unterschied von Eliten und Nichteliten fördert. Naturgesetze funktionieren ganz ohne Erziehungsprogramme. Deshalb gibt es auch kein Programm zur Förderung der Anziehungskraft der Erde.

Der Rechtsextremismus beauftragt das ganze – nichtdemokratisierbare – Erziehungswesen mit der Aufgabe, den Unterschied Eliten – Nichteliten herzustellen. Er gesteht damit ein, daß die Natur von sich aus diese Unterschiede nicht vorgibt und nicht herstellt. Und er gesteht damit ein, daß er sich auf die angebliche natürliche Ungleichheit nur beruft, um die Führung der Bevölkerung, der Nichteliten, durch die Politik zu rechtfertigen. Denn wer eine solche politische Führung will, der muß schon behaupten, daß die **geistige Mittelmäßigkeit** der Geführten, der **Nichteliten,** natürlich sei. Er kann dann auch behaupten, jede Gesellschaft brauche die Bevormundung der Bevölkerung (Nicht-Eliten) durch die Eliten. Denn wer Führung will, der muß schon glauben machen, daß es ohne Führung niemals gehe. Und wenn es dann noch heißt, **eine Gesellschaft ohne Eliten gehe an geistiger Mittelmäßigkeit zugrunde,** so ist dies nur die andere Seite der Bevormundung, die hier spricht: nämlich die Verachtung denen gegenüber, die angeblich bevormundet werden müssen. Bevormundung – Verachtung, Eliten – Nichteliten, das ist das Verhältnis, das rechtsextreme Politik zur eigenen Bevölkerung unterhält.

Gesellschaftliche Ungleichheit, die rechtsextreme Erziehung herstellen will, mystifiziert diese als natürliche Autorität, natürliche Gegebenheiten, vorgegebene Unterschiede an menschlicher Würde, als Naturgesetz der geistigen Mittelmäßigkeit der Bevölkerung. Bei solchen Ungleichheiten und Unterschieden, bei solcher Bevormundung und Gefolgschaft, bei solchem Führungsanspruch über die eigene Bevölkerung ist *eine* Gleichheit aber doch verlangt. Eine große **nationale Brüderlichkeit** oder **Solidarität** oder **Identität** ist notwendig. Denn eine identische Nation muß es allemal sein, soll der Überlegenheitsanspruch gegen andere Nationen erfolgreich eingelöst werden: **Gleichheit im Patriotismus,** eine Bevölkerung als **patriotische Gemeinschaft.** *Diese* Gleichheit ist keine Utopie, weil sie gebraucht wird. In der patriotischen Achtung und Verachtung von Freund und Feind soll und muß das Land, die Nation, gleich sein – ungeachtet der wirklichen, der hergestellten und eingerichteten Ungleichheiten. Und es gehört zu dieser patriotischen Gleichheit, daß es nach wie vor die rechtsextreme Politik ist, die der Bevölkerung die Wahrheit verkündet und ihr mitteilt, wer Feind oder Freund ist, wem Achtung gebührt und wer Verachtung verdient.

Rechtsextremismus, Eliten, Nichteliten: immer dann, wenn der Rechtsextremismus sprachliche Feldzüge **gegen die Gleichheit, gegen die Utopie des Egalitarismus, gegen den Kollektivismus** unternimmt, spricht er nicht nur seine Verachtung für die eigene Bevölkerung aus; dann will er sein Recht auf Bevormundung und politische Führung denen gegenüber sichern, denen er die Fähigkeit zur Mündigkeit, zur Aufklärung, zur Gleichheit abgesprochen hat. Vormals sollte die göttliche Ordnung Ungleichheit und Unmündigkeit begründen und **rechtfertigen.** Heute soll die Natur (des Menschen) diese Begründung und Rechtfertigung leisten; angeblich soll auch die Frau **von Natur aus** dem Mann unterlegen sein. Der Zweck dieser Bemühungen ist im Grunde derselbe geblieben: Es muß bewiesen werden, daß die unfähigen Nichteliten geführt werden müssen. So läßt sich die verachtete und bevormundete Bevölkerung benutzen, weil sie glaubt, sie, die von Natur aus unfähige Nicht-Elite, bedürfe der Führung, Orientierung und Herrschaft durch die rechtsextreme, politische Elite. Unmündigkeit und Bevormundung ergänzten sich so zu einer gleichsam »harmonischen« **patriotischen** Gemeinschaft und Gleichheit – der Ungleichen.

10. Nationalstolz, Patriotismus

... jede Nation braucht den Patriotismus ... Großbritannien braucht heute einen neuen Patriotismus und ... wird ihn finden

(E. Powell, 1963, Großbritannien)[88]

Deutschland braucht die patriotische Wende. Sein Vaterland zu lieben, muß wieder selbstverständlicher Wert sein

(Republikaner, 1992, Deutschland)[89]

Ja zu Deutschland ... Wille zur Nation ...

(Europa Vorn, 1990, Deutschland)[90]

Die Republikaner sind eine Gemeinschaft deutscher Patrioten

(Republikaner-Programm, 1987, Deutschland)[91]

Eine heroische Vergangenheit, große Männer, Ruhm ... (darauf) beruht eine nationale Idee

(E. Renan, 1882, Frankreich)[92]

Eine neue Politik, gegründet auf Achtung vor der Vergangenheit und ihrer Tradition

(Le Pen, 1989, Frankreich)[93]

Unsere Jugendlichen sollen stolz darauf sein, Deutsche zu sein. Dementsprechend muß der Unterricht in den Schulen gestaltet werden

(FAP, o. J., Deutschland)

Weil rechtsextreme Politik etwas will, wovon die Bevölkerung nichts hat, da sie als Dienerin von ihr benützt werden soll, braucht der Rechtsextremismus eine unmündige Bevölkerung. Die Bevölkerung unter seiner Vormundschaft – darin ist die gesamte Politik des Rechtsextremismus nach innen zusammengefaßt. Das kann keine Bevölkerung begeistern, also muß sie anders begeistert werden. Die Ziele dieser Politik müssen der Bevölkerung als ihre ureigensten nahegelegt werden, gerade weil sie nicht die Ziele der Bevölkerung sind, ihr entgegengesetzt sind: denn dienen soll die Bevölkerung diesen und nicht von ihr selbst gesetzten Zielen. Stünde diese Politik, stünden diese Ziele nicht im Gegensatz zur Bevölkerung, dann wäre kein Dienstverhältnis, keine Unmündigkeit, keine Vormundschaft nötig. Ebenso unnötig wäre es, das rechtsextreme Überlegenheitsprogramm der Nation, das nationale Interesse, in eine Unternehmung von **Ruhm** und **Ehre** umzutaufen. Auch müßte nicht die eigene Nation mitsamt ihrer Vergangenheit, Gegenwart und Zukunft als eine Sache dargestellt werden, die ausschließlich Ruhm und Ehre verdient, als eine Sache, die über jeden Zweifel, über jede Frage, über jeden vernünftigen Gedanken erhaben ist; als eine Sache, auf die die Bevölkerung nur stolz sein kann. Ist aber einmal die Sache, die **eigene Nation, als ruhmvoll und ehrwürdig** dargestellt und anerkannt als etwas, worauf die Bevölkerung mit Recht und ohne Verstand stolz sein kann, dann ist schon viel gewonnen – für das rechtsextreme Weltmachtprogramm. Denn dann lebt die Bevölkerung nicht nur in einem bestimmten Land, sondern in einem Land, dessen Ruhm und Ehre seine Erstklassigkeit und Höherwertigkeit beweisen. Stolz, Achtung und Verehrung der Sache gegenüber verlangen, daß die Sache makellos ist. Nichts darf die Erstklassigkeit und Höherwertigkeit der Sache verdunkeln. Denn die Höherwertigkeit der Sache, die Höherwertigkeit der eigenen Nation, gilt nur solange, wie nichts an ihr, auch nicht ihre Vergangenheit, sie zweifelhaft macht. Danach hat sich die Beschreibung der Vergangenheit und die der Gegenwart der eigenen Nation zu richten. Denn zum Stolz, zum Bekenntnis, zur Achtung, nicht zur Prüfung durch Verstand und Vernunft, nicht zu Mündigkeit und Aufklärung müssen Jugend und Bevölkerung erzogen werden, wenn sie stolz auf die Nation sein, wenn sie patriotisch denken, urteilen und handeln sollen. Eine positive, nicht eine prüfende Haltung zu Nation und rechtsextremer Politik ist verlangt. **Dementsprechend muß der Unterricht in den Schulen und anderswo gestaltet werden:** er soll nicht lehren, wie die Vergangenheit der Nation war und wie ihre Gegenwart ist, sondern zu Achtung und Stolz erziehen.

Der Stolz auf die eigene Nation, die Einbildung ihrer Höherwertigkeit, die die Überlegenheitspolitik rechtfertigen sollen, sind also keine Naturgegebenheit, sondern ein sehr modernes Gefühl, ein Gefühl, das der Bevölkerung erst anerzogen werden muß, weil sie es von sich aus nicht mitbringt. Daß Jugend und Bevölkerung dieses Gefühl zu ihrer – christlichen, sittlichen, abendländischen . . . – Pflicht machen, also patriotisch werden, versteht rechtsextreme Erziehung darum als ihre wichtigste Mission. Denn selbstverständlich ist dieses Gefühl nicht, mag es noch so weit verbreitet sein. Sonst müßte nicht dauernd daran erinnert werden. Der Rechtsextremismus bräuchte dieses Gefühl auch nicht zum Auftrag seiner Erziehung zu machen und nicht zur Pflicht aller zu erklären. Die **geistig-moralische Erneuerung** wäre überflüssig. Die *höherwertige* Nation, ob britisch, deutsch, französisch, italienisch, rumänisch . . ., nicht die Bevölkerung braucht das patriotische Gefühl. Dieses Gefühl ist ein Mittel für das rechtsextreme Überlegenheitsprogramm. Das spricht diese Politik auch unumwunden aus: **die Nation (!) braucht (!) den Patriotismus . . . Großbritannien . . . Deutschland . . . braucht (!) die patriotische Wende** – niemand sonst »braucht« dieses Gefühl, diese Parteinahme dieses **Ja** und diesen **Willen zur Nation.** Und weil die **Vaterlandsliebe** (Republikaner, Front National, FPÖ, MSI, National Front, Pamjat, Vlaams Blok . . .) weder naturgegeben, noch selbstverständlich, noch vernünftig, für das Weltmachtprogramm aber so schön benutzbar ist, deswegen, und nur deswegen, **muß (!) die Vaterlandsliebe wieder ein selbstverständlicher Wert (!) sein** (F. Schönhuber – und mit ihm jeder Rechtsextremismus). Die Bevölkerung aber, die kann ohne dieses Gefühl ganz problemlos leben.

Das Vaterland als Ideal – Nationales Bewußtsein ist eine Kraftquelle

(Europa Vorn, 1990, Deutschland)[94]

Berechtigung eines vernünftigen und maßvollen Nationalbewußtseins

(Die Aula, 1986, Österreich)[95]

Ein Nationalist . . . ordnet seine Gefühle, seine Interessen . . . dem Wohle des Vaterlandes unter

(Ch. Maurras, 1990, Frankreich)[96]

. . . der Patriot sieht das Schöne, das Gute, das Wahre in seinem Vaterland . . .

(Club de l'Horloge, 1989, Frankreich)[97]

Mit dem Thema Patriotismus ist zu verbinden der Begriff soldatische Ehre

(F. Schönhuber, 1983, Deutschland)[98]

Es ist jedoch gewiß auch ehrenvoll, für das Vaterland zu leben und zu kämpfen

(F. Schönhuber, 1989, Deutschland)[99]

Für das Vaterland zu sterben ist das höchste Glück

(Le Pen, 1984, Frankreich)[100]

Die Prüfung durch den Verstand muß ausgeschlossen sein, sollen sich Stolz auf die Nation und Bekenntnis zu ihr einstellen. Ein **vernünftiges Nationalgefühl** kann es also nicht geben, weil die Vernunftlosigkeit dessen Voraussetzung ist. Der Verstand prüft die Sache, wie sie ist, der Stolz darf sich nicht dafür interessieren, wie sie ist; sonst wäre er nicht Stolz, sondern Prüfung. Der Verstand prüft Vergangenheit und Tradition der Nation daraufhin, was sie waren und wie sie waren; der Stolz verehrt Vergangenheit und Tradition.

Der Verstand beläßt die geprüfte Sache, die Nation, wie sie ist, oder er gestaltet sie; der Stolz ist Demut: er zweifelt nicht, er fragt nicht, er ehrt die Sache, zu der er sich bekennen will. So ist die Ehre der Sache seine Ehre, die Ehre der Nation, die Ehre des Stolzen, des Patrioten. Ist aber die Ehre der Nation auch seine Ehre, so **ordnet er,** damit er stolz bleiben kann, **seine Gefühle, seine Interessen, seinen Verstand dem Wohl und der Ehre der Nation unter.** Und weil die Ehre der Sache auch seine Ehre ist, so ist es ihm selbstverständlich, für die Sache zu kämpfen. Der Kampf für die Sache ehrt beide: die Sache und den Stolz auf sie. So ist **die Ehre, für das Vaterland zu sterben,** dann auch tatsächlich **das höchste Glück** – auch wenn es nur rechtsextreme Politik ist, die von diesem **Glück** etwas hat. Sie benutzt das Ehrgefühl, den Stolz, den Einsatz, das Opfer für die eigene Machterweiterung – im Dienst am weltpolitischen Erfolg der eigenen Nation. Das ist gemeint, wenn es heißt: **Nationales Bewußtsein ist eine Kraftquelle**, und darum ist das **Thema Patriotismus zu verbinden mit dem Begriff soldatische Ehre** (F. Schönhuber).

Der Rechtsextremismus weiß also, warum er den Stolz auf die Nation und ihre Ehre zum obersten Erziehungsauftrag erklärt. Denn gilt **das Vaterland als Ideal,** sieht die Bevölkerung die ruhmesvolle und achtenswerte Nation und ihre Ehre als berechtigten Grund ihres eigenen Stolzes und ihrer eigenen Ehre an, so ist jede Belästigung der Nation ein Angriff zugleich auf den persönlichen Stolz und die Ehre der Bevölkerung. Bekennt sich die Bevölkerung zur Nation und ihrer Ehre, so ist für rechtsextreme Politik – nach innen zumindest – alles gewonnen. Da ist jede Feindschaftserklärung nach außen und nach innen, da ist jedes **Gefahren-** und **Bedrohungsgerede** die Technik, die Bevölkerung an sich zu schweißen und in den Dienst zu nehmen. Da muß die Überlegenheitspolitik nur umgetauft werden in einen **Angriff auf die Ehre** und auf die Höherwertigkeit der Nation: Die patriotische Bevölkerung empfindet dies als einen persönlichen Angriff auf ihre eigene Ehre und Höherwertigkeit. Deshalb kann es auch **kein maßvolles, kein gebremstes Nationalbe-**

wußtsein – oder -gefühl geben: Denn Stolz und Ehre sind beide schon das Gefühl der Höherwertigkeit und eigentlichen Überlegenheit; und anders als durch den Vergleich mit dem weniger Ehrvollen, mit dem weniger Achtenswerten, anders gibt es das Gefühl von Stolz und Ehre oder Überlegenheit nicht. Patriotismus, der Stolz auf die eigene Nation, ist in sich, als Stolz, schon das ganze Gefühl einer Überlegenheit oder Höherwertigkeit.

Jeder Rechtsextremismus in jedem Land, will und kultiviert das eigene Land **als Ideal,** das Überlegenheitsgefühl, den Stolz auf die eigene Nation, den Patriotismus. Er bedient und lobt dieses Gefühl, um sich seiner zu bedienen. So steht jeder Nationalstolz gegen jeden anderen Nationalstolz: der deutsche Nationalstolz gegen den der anderen, den insgesamt nichtdeutschen Nationalstolz: der französische Nationalstolz gegen die anderen, den insgesamt nichtfranzösischen Nationalstolz; der österreichische Nationalstolz gegen die anderen, den insgesamt nichtösterreichischen Nationalstolz ... usw. Und jede Bevölkerung, stolz auf die Ehre ihrer Nation und auf sich selbst, glaubt allen Ernstes, sie sei etwas Besonderes gegenüber den anderen Nationen: Alle glauben sie, etwas Besonderes gegenüber den anderen zu sein, und alle sprechen dies den anderen ab; womit sie alle nur beweisen, daß keine Nation, keine Bevölkerung irgend etwas Besonderes ist. Das aber bekümmert keinen Rechtsextremismus in keinem Land. Denn er will und kultiviert das Ehrgefühl und den Stolz seiner Bevölkerung, ihre Einbildung und ihren Glauben, ausgerechnet sie, mitsamt ihrer Nation, sei doch gegenüber den anderen schon etwas ganz unverwechselbar Besonderes, etwas ganz Außergewöhnliches, etwas ganz Eigenes. In die Welt gebracht hat aber der Nationalstolz, dieses sehr moderne Gefühl, das es ohne den Konkurrenzkampf der Nationen nicht gäbe, noch etwas anderes: die Ausländerfeindschaft. Sie ist nur die Kehrseite, das andere Gesicht dieses Stolzes.

Der Nationalstolz zieht die Grenze denen gegenüber, die dieser besonderen Gemeinschaft nicht angehören. Es ist gleichgültig, wodurch die Besonderheit oder Höherwertigkeit bewiesen werden soll: ob durch die eigene **Sprache / Geschichte / Kultur / Tradition / Sitten / Gebräuche / Landschaften / Volksseele und -geist / Körpergröße / Hautfarbe / Schädelform;** oder, modernste Variante, **durch die Staatsbürgerschaft** – und all das mindestens zwei- bis viertausendjährig. All diese Unterschiede zwischen den Bevölkerungen werden nicht als das genommen, was sie sind: Trivialitäten. Denn daß z. B. die deutsche Sprache ganz unverwechselbar und unvergleichlich ist mit den anderen Sprachen – etwa mit Englisch, Französisch, Italienisch, Türkisch, Arabisch, Vietnamesisch ist richtig. Aber mehr als die Feststellung, daß die Sprachen als Sprachen eben unterschiedlich sind, ist da nicht zu holen. Doch der Nationalstolz phantasiert und stilisiert diese trivialen Unterschiede zu ungemein besonderen Eigenschaften, schreibt Geschichte, Vergangenheit und Gegenwart so um, daß nur Achtung und Verehrung der glorreichen Nation entgegengebracht werden können. Endlich hat dieses außergewöhnliche Exemplar mitsamt seinen Bewohnern auch einen Namen: nationale Identität – das Lieblingskind rechtsextremer Innenpolitik. Auf die so erzeugte Identität dürfen und müssen die jeweiligen Bevölkerungen mit viel Recht und Ehre stolz sein. Mehr noch: die Bevölkerungen selbst sind Seele und Träger dieser ausschließlich erstklassigen Identitäten geworden.

Also sind alle, die dieser eigenen, hochklassigen Identität nicht angehören, erstens etwas anderes und wollen angeblich auch etwas anderes; gehören zweitens auch nicht dazu, was drittens heißt: Auf sie muß im Prinzip schon besonders geachtet werden, denn man weiß ja nie. . . Und ist die eigene Bevölkerung plus Nation schon eine erstklassige Sache, dann können es die anderen nicht sein, schließlich will der Nationalstolz gerade den Unterschied als Höherwertigkeit festhalten. Sonst wäre die ganze Anstrengung überflüssig, nutzlos. So hat der Nationalstolz Trivialitäten in angeblich wichtige Unterschiede und die Unterschiede in eine Rangordnung verwandelt, die ihn und die Seinen gegenüber den anderen besonders hervorhebt. Die aber, die nicht dazugehören, die müssen besonders beobachtet werden. Das Mißtrauen gegen andere, die nicht dazugehören, ist so groß, wie der Nationalstolz die eigene Bevölkerung und Nation wichtig macht. Dieses Mißtrauen denen gegenüber, die nicht dazugehören, ist der ganze Inhalt der Haltung gegen andere, das Prinzip der Ausländerfeindlichkeit. Diese Haltung läßt sich beliebig verwerten und benutzen. Und so ist es kein Zufall, daß, seit der Nationalstolz in Rumänien, in Bulgarien, in Polen, in Ungarn, in der CSFR, in den diversen Republiken der ehemaligen Sowjetunion, im einstmaligen Jugoslawien erst richtig erwacht ist, das Mißtrauen gegen andere, gegen **nichtnationale Elemente,** die Ausländerfeindschaft mitsamt der ethnischen, d. h. patriotischen Säuberung, auch erst so richtig auf Touren kommt. Nicht anders in Westeuropa, nicht anders in Nordeuropa, nicht anders in Südeuropa. Und so sind auch Hoyerswerda, Rostock, Mölln . . . tatsächlich immer und überall möglich.

Die Ausländerfeindschaft gibt es nur, weil es den Nationalstolz, den Patriotismus gibt; und dieses moderne Gefühl gibt es nur insoweit, als Konkurrenzkampf der Nationen herrscht und dieser Kampf gepredigt und zum Inhalt der Politik gemacht wird. Nationalstolz lautet der ganze Inhalt der Ausländerfeindschaft, die Ausländerfeindschaft ist nur das andere Gesicht dieses Gefühls. Wer die Ausländerfeindschaft ernsthaft nicht will, der kann den Nationalstolz, den Patriotismus nicht wollen. Und wer den Patriotismus nicht will, der muß die Konkurrenz der Nationen beenden wollen. Denn nur der Nationalstolz zieht jene Grenzen, die triviale Unterschiede in die Einbildung verwandeln, diese Unterschiede seien mehr, als sie sind. Aber den Patriotismus gibt es nur, weil und solange der Konkurrenzkampf der Nationen bestimmendes Prinzip der Außen- und Innenpolitik ist.

Rechtsextremismus, Nationalstolz, Ausländerfeindschaft: immer dann, wenn Nationalstolz (und damit Ausländerfeindschaft) gefordert ist, darf die Bevölkerung wissen, daß es ungemütlich für sie wird; dann soll sie sich in der Parteinahme für das eigene nationale Interesse, in der Parteinahme für die eigene Nation gegen jene stellen, die diese Politik zu ihren Feinden erklärt und sich damit tatsächlich Feinde schafft; dann soll sich die Bevölkerung auch nach innen fragen, wer eigentlich aus dem eigenen Land zu den Feinden der Nation gerechnet werden muß; denn Feinde dieser Politik sind alle, die den Stolz, die Ehre und die Makellosigkeit der Nation in Frage stellen oder sich nicht dazu bekennen; all jene also, die keine richtigen Patrioten sind; dann darf die Bevölkerung wissen, daß sie der Feind ist, wenn sie sich nicht zu dieser Politik bekennt, um ihr zu dienen; dann wird die eigene Bevölkerung der mißtrauischen Prüfung unterworfen – und zum Objekt der patriotischen Säuberung gemacht.

11. Patriotismus ist Umweltschutz

Umweltschutz ist ja doch wohl ein patriotisches Stichwort

(F. Schönhuber, 1987, Deutschland)[101]

... die Vermehrung der in Deutschland lebenden Ausländer ... bedeutet mit dem ihrer Zahl entsprechenden Verbrauch an Energie ein Mehr an Kraftwerken und zugleich erhöhte Umweltbelastung

(Europa Vorn, 1989, Deutschland)[102]

Wer noch freizügig Ausländer und Asylanten in unsere Enge holt, produziert Umweltbelastung, die zur Katastrophe führen muß. So beginnt der Umweltschutz auch bei der Begrenzung der Überfremdung

(Republikaner-Kommunalwahlprogramm Köln, 1989, Deutschland)[103]

Kontrollorgane zum Schutz des von Einschüchterung und Verschmutzung der geistigen Umwelt bedrohten Freiheitsraums der Bürger ...

(Republikaner-Programm, 1987, Deutschland)[104]

Die deutsche Liga fordert konsequenten Natur- und Artenschutz als Ausdruck der Liebe zu Volk und Heimat

(Deutsche Liga für Volk und Heimat, 1991, Deutschland)[105]

Die wahrhaftige Ökologie ... verteidigt die Identität ... sie begründet als wesentlich den Schutz der ethnischen, der kulturellen und der natürlichen Umwelt unseres Volkes

(B. Mégret, 1991, Frankreich)

Nationalstolz, Patriotismus will die Makellosigkeit der eigenen Nation. Die Frage, wie die Nation gegenwärtig ist, welches die Gründe für dieses oder jenes Phänomen sind, ist überflüssig, denn die Frage nach Gründen ist ungehörig. Geachtet und verehrt, nicht geprüft und erforscht soll die Nation werden. Deshalb können die Umweltverschmutzungen der europäischen Nationen ihren Grund niemals in den europäischen Nationen selbst haben. Dies kann nicht sein, weil der Nationalstolz es verbietet. Also müssen Schmutz und die diversen Vergiftungen in Flüssen, in Landschaften, in der Nordsee, in der Ostsee, an der italienischen Adria, im Rhein, in der Loire, im Po, im Ärmelkanal, im Atlantik, in Neapel, in Marseille, in London, in Frankfurt, müssen Ozonlöcher und Algenpest, muß der ruinierte deutsche, österreichische, italienische, französische und sonstige Wald, müssen alle diese Phänomene ihren eigentlichen, ihren »wahren« Grund woanders haben. Europäische Nationen können nicht der Grund der Abfälle und Vergiftungen in Europa sein, so gebieten Nationalstolz und nationale Ehre. Also ist der Grund ein nichteuropäischer: die Ausländer – womit Makellosigkeit, Stolz und Ehre gerettet sind und die europäischen Nationen weiterhin bekommen, wovon sie auch leben: Achtung und Verehrung, die patriotische, die zweifelsfreie Anerkennung durch ihre Bevölkerungen.

Damit hat der Nationalstolz aller europäischen Rechtsextremen eine Aufgabe erfüllt: Er bleibt, was er ist, und für sein Weiterleben hat er gesorgt. Aber echter, **patriotischer Umweltschutz** beginnt seinen Kampf nicht gegen die wirkliche Verschmutzung, sondern gegen die der geistigen Umwelt. Patriotischer Umweltschutz bekämpft jede Belastung des patriotischen Gefühls bei seiner Bevölkerung. Rechtsextremer Umweltschutz fängt erst einmal bei der eigenen Bevölkerung an, sobald es ihm ersichtlich scheint, daß sie ihre saubere Identität, ihr patriotisches Vorurteil und Gefühl nämlich, den Ansprüchen dieser Politik gemäß nicht genügend pflegt, kultiviert und betätigt. Dann wird die eigene Bevölkerung **dekadent** genannt, **geistig** und **sittlich verfallen,** dem **Eigennutz** und der **Genußsucht** unterworfen – lauter ganz und gar unpatriotische Verhaltensweisen. Dann, so heißt es, ist die **Sauberkeit der geistigen Umwelt der Bevölkerung bedroht, überfremdet** – die bedrohlichste Verschmutzungskatastrophe für diese Politik.

Wenn es also heißt, Patriotismus sei der beste Umweltschutz, dann geht es unmittelbar gar nicht um die wirkliche Belastung von Mensch und Natur, sondern um die Reinheit und Makellosigkeit des Nationalgefühls der Bevölkerung. Dann ist es auch kein Problem mehr, widersinnigerweise einerseits zu behaupten, die Zahl der Ausländer im kleinen, engen, dichtbesiedelten Europa sei der Grund für Verschmutzung, Vergiftung und Zerstörung der Natur, und andererseits im selben Atemzug den pro Jahr hunderttausendfachen Geburtenrückgang der »europäischen Völkermassen« (Le Pen) im selben Europa zu beklagen. Und sollte jemals rechtsextremer Umweltschutz dafür gesorgt haben, daß sich kein Nichteuropäer mehr in Europa aufhält, dann geht das europäische Leben mitsamt seinen Vergiftungen weiter, in Neapel, in Marseille wie in anderen europäischen Großstädten, Landschaften, Flüssen . . . – ganz ohne Afrikaner oder andere Nichteuropäer.

Die Nichteuropäer dürfen dann versuchen, bei sich, in Osteuropa, in der Türkei, in Afrika, in Lateinamerika, in Asien, in der gesamten Dritten und übrigen Welt die europäischen Umweltverschmutzungen »restlos« zu entsorgen. Denn **die Liebe zu Volk und Heimat** gebietet nicht, die europäische Umweltverschmutzung zu beenden, sondern gewisse lästige bis explosive Folgen nach außerhalb Europas zu exportieren. Das und nichts anderes meint die Klarstellung: **Umweltschutz ist ja doch wohl ein patriotisches Stichwort** (F. Schönhuber); es versteht sich »ja doch wohl« von selbst, daß der Rest der Welt, zur Müllhalde verkommen, Europa »sauber« hält. So geht sie, **die wahrhaftige Ökologie** (B. Mégret).

12. Das geliebte Volk

Das nationale Interesse ist nicht notwendigerweise die Summe der Einzelinteressen

(Le Pen, 1984, Frankreich)[107]

Die Fortdauer der Nation . . . unser Land kann seine Unabhängigkeit nur garantieren, wenn sein Volk jung, kräftig und zahlreich ist

(Programme du Front National, 1985, Frankreich)[108]

Man muß dem Volk erklären, daß seine Begierden, Wünsche und Versuchungen nach Bequemlichkeit nicht immer seinem Interesse entsprechen . . . ein Politiker ist ein Vorausschauender, einer, der weiter als die anderen sehen muß. Er muß sich erheben . . . um die Wahrheit zu sagen, selbst wenn diese Wahrheit nicht immer für die angenehm ist, die ihm diese Aufgabe anvertraut haben

(Le Pen, 1984, Frankreich)[109]

Ein Regierungssystem des Volkes durch das Volk und, soweit als möglich, zum Wohle des Volkes, für das Volk

(Le Pen, 1985, Frankreich)[110]

werden die Deutschen aller Volksschichten zur nationalen Selbstbesinnung und geistig-moralischen Erneuerung aufgerufen

(Republikaner-Programm, 1987, Deutschland)[111]

Ein Volk – eine Nation

(Republikaner, 1990, Deutschland)[112]

Rechtsextreme Politik will die ökonomische und politische Überlegenheit der eigenen Nation gegen die anderen. Das ist kein Programm zur Besorgung des Glücks und des Wohlergehens der Bevölkerung. Das weiß diese Politik, und sie spricht es auch offen aus: Die Machterweiterung der Nation ist etwas anderes als die Befriedigung der Bedürfnisse und Förderung der Interessen der Bevölkerung. In rechtsextremer Sprache: **Das nationale Interesse ist nicht notwendigerweise die Summe der Einzelinteressen.** Denn es fordert, jedes einzelne und private Interesse habe sich daraufhin zu prüfen, wie es dem nationalen Interesse nach Überlegenheit nützlich sein kann. Es ist nur konsequent, daß kein rechtsextremes Parteiprogramm in Europa der Bevölkerung materiellen Wohlstand oder Glück in Aussicht stellt. Im Gegenteil: Der Gedanke daran gilt als schädlicher, egoistischer **Eigennutz,** als **Bequemlichkeit,** als **Materialismus,** als **Konsumsucht** und als **Anspruchsdenken,** als **Hedonismus,** als **Sittenverfall** und **moralische Dekadenz,** als **Bedrohung** der Nation und des Abendlandes – gäbe es nicht rechtsextreme Politik; einzig sie begreift den Ernst der Lage, gebietet dem Verfall Einhalt und rettet Nation plus Abendland vor dem sicheren Untergang. So verachtet und kritisiert der Rechtsextremismus die Bevölkerung, solange sie der nationalen Weltmachtpolitik, dem internationalen Interesse nicht dienstbar, nicht benutzbar erscheint.

Die ökonomische und politische Überlegenheit – in rechtsextremer Sprache: **die Fortdauer, die Unabhängigkeit, die Souveränität, die Freiheit, die Sicherheit . . . der Nation ist nur garantiert,** wenn die Bevölkerung sich führen, sich in den Dienst nehmen läßt. Nutzen und Benutzung, Ertrag und Kosten dieses Dienstverhältnisses sind klar verteilt: rechtsextreme Politik will den Nutzen, den Konkurrenzerfolg der Nation und *be*nutzt dazu die Bevölkerung. Diese ist als Mittel und als Dienerin vorgesehen. Deshalb interessiert im Grunde auch nur eine junge, eine kräftige, eine zahlreiche Bevölkerung. Die Bevölkerung als Mittel und Dienerin, auch das spricht der Rechtsextremismus ganz ungeniert aus: Der rechtsextreme Politiker erklärt der – unmündigen – Bevölkerung, **daß ihre Begierden, Wünsche und Versuchungen nach Bequemlichkeit nicht immer seinem Interesse entsprechen.** Denn die zum Wissen unfähige Bevölkerung kann auch nicht wissen, was sie will und was für sie gut ist. Da trifft es sich glücklich, daß rechtsextreme Politik zur Hilfe eilt und der Bevölkerung mitteilt, was sie zu wollen hat. Schließlich soll der Wille der Bevölkerung mit dem Willen rechtsextremer Politik identisch sein – nationale Identität. Die ist auch bitter nötig, um patriotische Einheit oder Gemeinschaft zu stiften, weil das Programm dieser Politik im Gegensatz zu den Bedürfnissen der Bevölkerung steht. Nationale Identität ist der Versuch, die Unversöhnlichkeit dieser Politik mit den Bedürfnissen der Bevölkerung doch noch versöhnlich zu machen.

Kein Aufruf zu nationaler Identität, keine Mahnung an den einheitsstiftenden Nationalstolz kann den Widerspruch, der diese Politik gegen die Bedürfnisse und Interessen der Bevölkerung ist, ungeschehen machen oder auslöschen. In der Benutzung der Bevölkerung als Mittel und Dienerin ist der Gegensatz zu ihr unausweichlich eingerichtet. Dessen ist sich der Rechtsextremismus sehr wohl bewußt. Er verschweigt diesen Gegensatz auch gar nicht. Aber er läßt auch keinen Zweifel darüber aufkommen, wer im Verhältnis von Führung und Dienst das Kommando hat: Der rechtsextreme Politiker, einzig der Erkenntnis fähig und zur Wahrheit berufen, teilt der Bevölkerung **die Wahrheit** mit, **selbst wenn diese Wahrheit nicht immer für die angenehm ist, die ihm diese Aufgabe anvertraut haben.** Es muß immer nur betont werden, daß **die Natur** dafür gesorgt hat, daß die von **Natur aus** zum Wissen und Erkennen unfähigen, also unmündigen Nichteliten nach ihrer Bevormundung verlangen.

Eine Politik aber, die immerzu nur den Gegensatz von Führung und Dienst betonte; eine Politik, die deshalb immerzu an den Patriotismus der Bevölkerung appellierte, sie verlöre bald jede Glaubwürdigkeit bei denen, derer sie sich bedienen will. Also stellt rechtsextreme Politik jeden Nutzen, den sie von der Benutzung der Bevölkerung hat, als deren Nutzen, als Dienst an der Bevölkerung dar. Und weil diese

Politik überhaupt nur von der Benutzung der Bevölkerung zu leben gedenkt, nennt sie sich gleich ungekürzt: **Dienst am und zum Wohle des Volkes.** Jede Zeile, jedes Programm, jede Aktion gibt es hier nur unter Berufung auf das Volk: Diejenigen, die benutzt werden, sind unversehens zum angeblichen Auftraggeber, zum angeblich höchsten Richter über diese Politik geworden. Alles, was im Sinne dieser Politik geschieht, geschieht **nur durch das Volk, zum Wohle des Volkes, für das Volk.**

So verwandelt rechtsextreme Sprachpolitik den eigentlichen Diener scheinbar in den Herrn, und der wird geehrt, gelobt, geliebt. Und glaubt der Diener endlich, er sei Herr und Auftraggeber, nicht Mittel und Erfüllungsgehilfe, so steht seiner Benutzung und Dienstbarkeit eigentlich nicht mehr viel im Wege. Endgültig bildet er sich ein, rechtsextreme Politik sei sein Diener, und nicht er sei Diener dieser Politik. Der Rechtsextremismus weiß, warum er den Diener zum Herren umtauft: Glaubwürdiger lassen sich Führung und Indienstnahme der Bevölkerung nicht begründen.

Der Rechtsextremismus will eine Bevölkerung, die das Interesse an nationaler Überlegenheit als wichtiger beurteilt als ihre eigenen Interessen. Er braucht eine Bevölkerung, die sich mit seinem Überlegenheitsprogramm identisch weiß; er rechnet mit einer Bevölkerung, die patriotisch denkt, urteilt, fühlt; er fordert Nationalstolz und Patriotismus, um sich der Bevölkerung zu bedienen; er will, daß die vernunftlose Bevölkerung will, was er will: den Konkurrenzerfolg der eigenen Nation. Ist all dies der Fall, dann ist die Bevölkerung zum Volk geworden. Haben sich Jugend und Rentner, Frauen und Männer, Arbeitslose und Arbeitende, Arbeitende und Unternehmer, Gewerkschaften und Kirchen . . . zur **nationalen Selbstbesinnung** und **geistig-moralischen Erneuerung,** also zum Dienst an dieser Politik bereit gefunden, dann, aber auch nur dann verdient die Bevölkerung Achtung und Ehre durch eben diese Politik: dann ist die Bevölkerung – eine patriotische Einheit, eine (Volks-)Gemeinschaft, ein nationales Kollektiv: **Ein Volk – eine Nation** (Republikaner). Ein **Wir,** dem nur *ein* Interesse als das oberste und wichtigste gilt:

der Überlegenheitserfolg der eigenen Nation gegen die anderen – ein **Volk,** eine **Identität,** ein **Dienst,** eine **Führung.** So dient die Bevölkerung – in ein Volk verwandelt – dem Nutzen dieser Politik. Und es ist nicht die Bevölkerung, die von diesem Benutzungsverhältnis etwas hat. Aber als Volk wird sie geehrt und geachtet, mehr ist für ihr Glück nicht vorgesehen.

13. Unser nationales Interesse

Das nationale Interesse ist nicht notwendigerweise die Summe der Einzelinteressen

(Le Pen, 1984, Frankreich)[113]

... es ist das nationale Interesse, das uns führt

(Club de l'Horloge, 1989, Frankreich)[114]

Deutschland zuerst, deutsche Interessen haben Vorrang

(Republikaner, 1989, Deutschland)[115]

... Pluralismus besteht darin, die souveräne Einheit des Staates, d. h. die politische Einheit zu leugnen ... der einzelne Mensch ... lebt ... in einer »Pluralität der Treueverpflichtungen und der Lokalitäten« ...

(C. Schmitt, 1932, Deutschland)[116]

... (den) persönlichen und unmittelbaren Interessen ... entspricht ohne Zweifel ein Auseinanderbrechen der nationalen Gemeinschaft unter den Schlägen ... des Individualismus und der Entwurzelung

(Front National, 1991, Frankreich)[117]

Die Verteidigung des nationalen Interesses, d. h. auch die Entstehung von Inseln ausländischer Bevölkerungen auf unserem Boden zu verhindern

(J.-Y. Gallou, 1991, Frankreich)[118]

... daß sich Politik über einen nationalen Realismus definiert ... über das Interesse der Nation

(Junge Freiheit, 1992, Deutschland)[119]

Das nationale Interesse ist Zusammenfassung und Ausdruck des rechtsextremen Willens nach Weltmachterfolg. Das fordert eine demgemäße Politik nach innen. Also soll nationales Interesse nach innen als oberstes, als wichtigstes Interesse gelten. Die einzelnen oder privaten Interessen haben die überlegene Geltung des nationalen Interesses nach innen anzuerkennen und nach außen zu unterstützen.

National ist nationales Interesse: Nur dem Erfolg der Nation nach außen und den dazu notwendigen Maßnahmen nach innen sieht es sich verpflichtet. An keinem sonstigen Interesse, an keinem privaten Willen hat es sich zu messen. Nationales Interesse ist souverän, kein Existenzrecht käme ihm sonst zu. Was nationales Ineresse nach außen will; welche Forderungen nach innen, der eigenen Bevölkerung gegenüber das außenpolitische Erfolgsprogramm so aufstellt – all dies fällt in die Entscheidungshoheit des nationalen Interesses und des politischen Willens, der sich in ihm ausspricht und sich zugleich auf es beruft. Nationales Interesse und rechtsextremer politischer Wille, der es begründet, sollen Maßstab allen Handelns sein. Darum heißt es: **Das nationale Interesse ist nicht notwendigerweise die Summe der Einzelinteressen.** Nationales Interesse ist, seiner politischen Natur nach, etwas anderes als die »bloße« Summe der einzelnen Interessen. Und weil das nationale Interesse Zweck, Maßstab und Inhalt aller Politik sein soll, darum heißt es: **Politik (definiert sich) über einen nationalen (!) Realismus ... über das Interesse der Nation** – nicht über die Interessen der Bevölkerung, aber immer in deren Namen.

Gegenüber diesem Programm verblassen alle besonderen Bedürfnisse, alle privaten Wünsche, alle einzelnen Interessen der eigenen Bevölkerung. Angesichts der weltweiten Aufgaben nach außen, die nationales Interesse setzt, ist dieses Interesse das Maß aller Dinge: **Es ist das nationale Interesse, das uns führt,** nicht die Interessen dieses oder jenen, nicht einmal die Gesamtheit der Interessen der Bevölkerung. Nationales Interesse ist übergeordnet, nicht Zusammenfassung, nicht Ausdruck, nicht Summe der Einzelinteressen – dies der Standpunkt der Front National (Frankreich), der FPÖ

(Österreich), der MSI (Italien), der Pamjat (Rußland), der Vatra Romaneasca (Rumänien), des Vlaams Blok (Belgien), der Republikaner (Deutschland) ... und aller anderen Rechsextremismen.

Um seines Erfolges nach außen willen hat nationales Interesse nach innen **Vorrang.** Es ist das einzige Interesse, das Souveränität beansprucht und ein Recht auf souveräne Geltung hat. Keinesfalls besitzt einzelnes oder privates Interesse Mitsprache-, Einspruchs- oder Widerspruchsrecht bei der Festlegung des außenpolitischen Programms und bei den innenpolitischen Folgerungen aus diesem Programm. Einzelner oder privater Zweifel an der Unabhängigkeit, an der Selbständigkeit, an der Handlungsfreiheit des nationalen Interesses gegenüber den Interessen der Bevölkerung gilt als nichtig. Das nationale Interesse folgt nur seiner (außenpolitischen) Logik, seinen Nowendigkeiten. Das haben die unmittelbaren und persönlichen Interessen der Bevölkerung zu berücksichtigen. Mehr noch: die unmittelbaren und persönlichen Interessen stehen im Dienstverhältnis und in **Treueverpflichtungen** (C. Schmitt) gegenüber dem nationalen Interesse. Einzelnes Interesse und privater Wille haben das nationale Interesse zum Maßstab und zur Richtschnur ihres Denkens, ihres Gefühls, ihres praktischen Tuns zu machen – so das Ideal und Dogma dieser Politik. Einzelnes Interesse und privater Wille sollen wollen, was nationales Interesse und allgemeiner, verselbständigter und souveräner Wille gebieten. Das nationale Interesse als privates Anliegen, als privates Interesse eines jeden einzelnen; der objektive Zweck des nationalen Interesses als subjektives Bedürfnis des Privatinteresses; das Programm des außenpolitischen Weltmachterfolgs als unmittelbarer, als persönlicher Inhalt des einzelnen Willens; das nationale Interesse als das Interesse aller; nationales Interesse als unser aller Interesse; schließlich: **»unser« (aller) nationales Interesse** – so lautet die Devise nach innen.

Dieses Dienstverhältnis, diese Unterwerfung der Einzelinteressen unter das nationale Interesse soll im »unser (aller)« Interesse, im **Wir** verschwinden: Man spricht nur noch im und vom **Wir.** Das erschlichene **Wir** (von oben) verlangt ein ihm gemäßes Wir (von unten). Der eingeforderte Zusammenschluß des nationalen Interesses von oben mit den Einzelinteressen von unten hebt die **Souveränität** und den unbedingten **Vorrang des nationalen Interesses** nicht auf, sondern verleiht ihm seine ihm gemäße Form. Deshalb gibt es kein politisches Wir ohne gleichzeitige Betonung des nationalen Interesses: Dieses ist und bleibt souverän, sein Programm gilt als Maß aller Dinge.

Aber nationales Interesse kann nicht erfolgreich nach außen wirken ohne Mithilfe und Trägerschaft durch die Einzelinteressen oder Einzelwillen innerhalb der eigenen Bevölkerung. Darum müssen die Einzelinteressen in ein Dienstverhältnis, in eine **Loyalitäts- oder Treueverpflichtung** zum nationalen Interesse gebracht werden. Gegenüber dieser Forderung, gegenüber diesem Ideal erscheinen Einzelwille und einzelnes Interesse schon durch ihre bloße Existenz grundsätzlich und unmittelbar als ein politisches Problem: **Pluralismus leugnet(!) die souveräne(!) politische Einheit des Staates** (C. Schmitt). Die Souveränität des nationalen Interesses und die **Treueverpflichtungen** ihm gegenüber gelten als **bedroht** durch das schiere Dasein einer Vielzahl unterschiedlicher Einzelinteressen und privater Willen. Wie soll sich der Einzelwille, um sein eigenes Wohlergehen besorgt, um Wohlergehen und Erfolg des nationalen Interesses nach außen bekümmern?, so lauten die rechtsextreme Klage und Forderung zugleich, das nationale Interesse zum subjektiven Zweck des Einzelinteresses zu machen. Konsequent nur, daß dieser politische Standpunkt das bloße Vorhandensein unmittelbarer Einzelinteressen innerhalb der eigenen Bevölkerung als Bedrohung, als Angriff, als **Auseinanderbrechen der nationalen Gemeinschaft** (Front National) deutet.

Das nationale Interesse selbst ist Angriff auf die Einzelinteressen der eigenen Bevölkerung. Das Programm des nationalen Interesses soll zum subjektiven Bedürfnis und Zweck des Einzelinteresses werden. Wörtlich zu nehmen ist es, wenn es heißt: **Deutschland(!) zuerst, deutsche(!) Interessen haben Vorrang; Frankreich zuerst, französische Interessen haben Vorrang; Österreich zuerst, österreichische Interes-**

sen haben Vorrang; Rumänien, Rußland, Polen, Ungarn, Serbien, Italien, Albanien, Mazedonien ... zuerst, rumänische, russische, polnische, ungarische, serbische, italienische, albanische, mazedonische ... Interessen zuerst – denn das will diese Forderung besagen: In jedem Fall kommt vor den Einzelinteressen der eigenen Bevölkerung das Interesse namens Deutschland, namens Frankreich, namens Österreich ... zuerst. Das nationale Interesse allein hat Vorrang.

Rechtsextremismus, nationales Interesse, Einzelinteresse: Immer dann, wenn es heißt, **unser nationales Interesse ist in Gefahr, wird bedroht oder behindert;** wenn es heißt, **unser deutsches, französisches, österreichisches, rumänisches, russisches ... Interesse ist gefährdet, beeinträchtigt oder dem Untergang nahe;** wenn es heißt, **unser nationales Interesse** verunmöglicht oder verbietet eine pluri- oder multikulturelle Gesellschaft; wenn es heißt, gegen den **Ausverkauf** oder **Verlust** oder **Niedergang** unseres nationalen Interesses durch **Weltbürgertum,** durch **Entwurzelung,** durch **Materialismus,** durch **Hedonismus,** durch **Individualismus;** wenn es heißt, **die Verteidigung unseres nationalen Interesses gebietet es, das Entstehen von Inseln ausländischer Bevölkerungen auf unserem Boden zu verhindern** – immer dann darf die eigene Bevölkerung wissen, daß es gegen sie geht. Dann geht es nicht nur gegen die Einzelinteressen der ausländischen Bevölkerungen; dann geht es nicht nur darum, das eigene nationale Interesse gegen andere Länder und ihre Bevölkerungen zu setzen; dann geht es immer auch darum, die Einzelinteressen der eigenen Bevölkerung in Dienst und in die Pflicht zu nehmen. Dann sollen die Bedürfnisse, die Interessen und der Wille eines jeden zum eigennationalen Interesse in ein **Loyalitäts- oder Treueverhältnis** gesetzt werden; dann soll das außen- und weltpolitische Programm als Forderung und als Befehl nach innen geltend gemacht werden; dann soll ausgemacht sein, daß nur noch *eine* Rücksichtnahme gilt: die gegenüber dem außenpolitischen Überlegenheits- oder Weltmachtprogramm. Das soll dann Maß und Herr aller Dinge sein. Immer dann hat auch, folgerichtig, das Gerede vom **Wir,** von **nationaler Identität,** von **Überfremdung** Hochkonjunktur.

14. Im Jahr 2000 ein orientalischer Kanzler

Deutschland soll deutsch bleiben . . . kein Ausländerwahlrecht

(DVU-Wurfsendung, 1989, Deutschland)

wir sagen Nein zum Ausländerwahlrecht, auch für EG-Angehörige

(Republikaner-Programm, 1990, Deutschland)[120]

gegen ein Wahlrecht für Ausländer

(Freiheitlicher Pressedienst, 1989, Österreich)[121]

Das kommunale Ausländerwahlrecht, eine gute Sache für das Land? Nein, auf keinen Fall

(F.E.L.E.S., 1987, Luxemburg)[122]

. . . daß das Ausländerpack gekommen ist, um uns seine Gesetze aufzuzwingen

(Vlaams Blok, 1988, Belgien)[123]

Gäbe man den Ausländern das Wahlrecht, so entzöge man es den Patrioten

(Le Pen, 1991, Frankreich)[124]

Rechtsextreme Politik will die Bevölkerung als nationale Identität oder Gemeinschaft, als Volk oder Volksgemeinschaft. Die Bevölkerung soll nur noch das nationale Interesse, den Erfolg der eigenen Nation als oberstes Gesetz anerkennen. Deshalb fordert diese Politik den Nationalstolz. Denn im Patriotismus bekennt sich die Bevölkerung zum

Überlegenheitsinteresse der eigenen Nation, dem Prinzip rechtsextremer Politik. Im Patriotismus erteilt die Bevölkerung dieser Politik das Recht, das nationale Interesse, nicht die Interessen der Bevölkerung zu verfolgen. Der Patriotismus eint die Bevölkerung mit den Zielen dieser Politik.

Rechtsextreme Politik kennt den politischen Nutzen, den sie aus dem Patriotismus ziehen kann. Urteilt die Bevölkerung patriotisch, urteilt sie nach dem Schema: wer dient dem Erfolg der Nation und wer behindert ihn, dann prüft sie nicht mehr die Politik. Sie billigt sie, sie vertraut ihr, sie läßt sich von ihr führen. Sie stellt sich unter ihre Vormundschaft. Im patriotischen Vertrauen prüft sie nicht die Politik, sondern macht sich ihr gegenüber unmündig, macht sich von ihr abhängig. Im Patriotismus stimmt die Bevölkerung zu, daß sich rechtsextreme Politik von ihr unabhängig machen kann. Er vollendet die Unabhängigkeitserklärung rechtsextremer Politik von der Bevölkerung mit deren Zustimmung. Mehr noch: Rechtsextreme Politik weiß, daß sie im Patriotismus die Bevölkerung mit ihrer eigenen Zustimmung zum Mittel und Erfüllungsgehilfen nationaler Überlegenheitsansprüche machen kann. So garantiert der Patriotismus die Unabhängigkeit dieser Politik von der Bevölkerung und damit die unkontrollierte, freie Verfügung über sie.

Weil der Rechtsextremismus im Patriotismus der Bevölkerung seine Existenzgrundlage und Unabhängigkeit weiß, mißtraut er all jenen, von denen er vermutet, sie könnten keine echten Patrioten sein. Und weil er sich sicher ist, daß in jeder anderen Nation rechtsextreme Politik den Patriotismus genauso kultiviert wie er selbst, mißtraut er grundsätzlich und in jedem Fall dem Nichtinländer, dem Ausländer. Denn jeder Ausländer gilt ihm als Patriot, als Diener der anderen, nicht seiner Nation. Also kann ein Ausländer niemals Existenzgrundlage und Diener der eigenen, der inländischen rechtsextremen Politik sein. Ein Ausländerwahlrecht darf es deshalb niemals geben, denn damit drohte die **Gefahr,** daß erstens die inländische rechtsextreme Politik weder lebensfähig noch unabhängig wäre, zweitens wäre also die Vormundschaft der Politik über eine patriotische Bevölkerung gefährdet, drittens wäre damit das nationale Überlegenheitsprogramm nach außen nicht mehr garantiert.

Wenn also der Rechtsextremismus aller europäischen Länder strikt jegliches Ausländerwahlrecht ablehnt; wenn er die nationale oder völkische **Identität/Homogenität** als durch das Ausländerwahlrecht **bedroht** oder **überfremdet** predigt; wenn er vor **multikulturellem** oder **multikonfliktuellem Import** oder **Chaos** durch das Ausländerwahlrecht warnt; wenn er den **Ausverkauf**, den **Verrat**, den **Verlust** des nationalen Interesses durch das Ausländerwahlrecht prophezeit, so beklagt er mit all diesen Hinweisen nur dies: eine mögliche Gefährdung der von ihm angestrebten Vormundschaft über die Bevölkerung.

Und wenn der Rechtsextremismus vor orientalischen, arabischen oder islamischen Kanzlern warnt, so spricht er damit nochmals aus, worum es ihm geht: um eine Politik, die sich frei von jeder nichtpatriotischen, aufgeklärten, prüfenden, demokratischen Kontrolle weiß. Denn was sollte ein orientalischer, arabischer, islamischer oder sonstige Kanzler, der von der demokratischen Kontrolle und Prüfung durch die Bevölkerung abhängig ist, dieser schon anhaben? Und härtere **Wahrheiten** als die rechtsextremer Überlegenheits- und Weltmachtpolitik dürfte auch ein orientalischer Kanzler nicht parat haben – noch weniger, wenn dessen Wahrheiten ganz unpatriotischer, demokratischer Kontrolle durch die Bevölkerung unterworfen wären.

15. Europa der Vaterländer gegen den Rest der Welt

... Europa mit allen nur möglichen Mitteln wieder zu einer autonomen, unabhängigen, freien und souveränen Macht zu formen

(A. de Benoist, 1984, Frankreich)[125]

... bedarf es einer unabhängigen und eigenständigen europäischen Machtposition ... für die Zukunft Europas als einer eigenständigen Weltmacht

(NPD, 1978, Deutschland)[126]

Europa ... eine der drei Mächte des 21. Jahrhunderts ... aus Europa eine allererste ökonomische Weltmacht machen

(Le Pen, 1989, Frankreich)[127]

Es kann keinen Frieden auf der Welt geben ohne ein freies Europa, ohne ein starkes Frankreich ...

(Le Pen, 1984, Frankreich)[128]

Europäische Identität ... europäischer Patriotismus

(Le Pen, 1989, Frankreich)[129]

Europa ... besitzt alle Elemente (der) Macht: seine Bevölkerung ist zahlreicher als die der Vereinigten Staaten ... (Europa bietet sich) mit seinen 500 Millionen Einwohnern die Chance zur ersten Weltmacht

(Le Pen, 1989, Frankreich)[130]

Es wird auch kein Europa ohne Soldaten und ohne Helden geben

(Le Pen, 1984, Frankreich)[131]

Die Welt als ein **Kampfplatz** der Völker und Nationen, weltweiter Konkurrenzkampf der Nationen auf dem Weltmarkt und um Weltmacht – das ist die Philosophie rechtsextremer Politik. Die eigene Nation hat deshalb souverän und überlegen zu werden oder sich souverän an der Weltmacht zu beteiligen, proklamiert daher jeder Rechtsextremismus in jedem Land: Deutschland zuerst, heißt das in Deutschland; Frankreich zuerst, heißt das in Frankreich; Österreich, Italien, Belgien, England, Polen, Rumänien, Bulgarien . . . zuerst, heißt es in den anderen Ländern. Für dieses so ehrgeizige wie vernunftlose Programm sollen die Nationen nach innen hergerichtet werden: nationale Identität; Erziehung zum Freund-Feind-Schematismus; Erziehung zur Unmündigkeit; Erziehung zur Achtung und Verachtung; Erziehung zu Nationalstolz und Patriotismus; Erziehung zum Einverständnis mit Vormundschaft und Dienst an der Führung; die Bevölkerung als Volk. So stünden dann Nationen gegen Nationen, Bevölkerungen gegen Bevölkerungen – wäre diese Politik europa- und weltweit gültige Politik.

Zufriedenheit herrscht in keinem rechtsextremen Programm in Europa. Gemessen am Anspruch, überlegen zu sein oder sich an der Weltmacht zu beteiligen, beurteilt diese Politik die internationale Lage der eigenen Nation immer als ungenügend bis schändlich. Vom Atlantik bis an den Ural beklagt und kritisiert rechtsextreme Politik: Wo ist die Größe und die Macht der eigenen Nation (geblieben), was ist aus ihr geworden? Gemessen am Überlegenheits- oder Weltmachtanspruch, bleibt dem Rechtsextremismus eines jeden europäischen Landes der ungenügende Erfolg der eigenen Nation eine dauernde Quelle der Unzufriedenheit. Weiter hilft da nur eine strategische Überlegung: die eigene Nation, zu Weltmachtpositionen (noch) zu schwach, schließt sich mit den Rivalen oder Konkurrenten des europäischen Kontinents zu einem Block zusammen. Gemeinsam stärker sein, lautet die Zauberformel. Also will der Rechtsextremismus einen europäischen Zusammenschluß, **Friede und Freundschaft in Europa** – aber nur im Interesse der eigenen nationalen Berechnung und Überlegenheit. **Deutsche Interessen haben**

Vorrang vor Europa; Frankreich als Motor Europas, kein Europa ohne ein starkes Frankreich; gegen den Verlust britischer Souveränität ... heißt es entsprechend in allen nationalen Programmen. Ein **Europa der Vaterländer,** das heißt: ein Europa, das sich darüber im klaren ist, daß die europäische Einigung, die Einigung der Bevölkerungen nicht Ziel, sondern Mittel zum Zweck jeweils nationaler Überlegenheitspolitik zu sein hat. Darin ist das europäische Selbstbewußtsein des Rechtsextremismus zusammengefaßt.

Darin hat auch die rechtsextreme Kritik an den »Verträgen von Maastricht« ihren ganzen patriotischen Inhalt – ausgedrückt in den beschwörenden Formeln: gegen den **Verlust der nationalen Währungs-, Finanz- und Haushaltshoheit;** gegen den **Verlust oder Untergang der nationalen Währung** überhaupt; gegen das (angebliche) **Aufgeben, den Verzicht oder Untergang der nationalen Souveränität.** Die rechtsextreme Kritik an den »Maastrichter Verträgen« ist also keine Absage an Europa, sondern die Aufforderung zu einem europäischen Zusammenschluß im nationalen Welterfolgsinteresse. Ein **Europa der Vaterländer** (Republikaner, Front Nation), das ist das weltmachtpolitische Ziel; und dieses Ziel glaubt rechtsextreme Europapolitik durch die »Maastrichter Verträge« verraten und verkauft.

Jedes nationale rechtsextreme Programm will eine europäische Einigung, weil sonst aus dem Weltmachtanspruch der eigenen Nation vermutlich nichts wird. Also fordert und fördert der Rechtsextremismus – im nationalen Interesse – das Programm eines vereinten Europa. Werfen sämtliche europäischen Nationen ihre geographischen, ihre ökonomischen, ihre militärischen und sonstigen Potentiale zusammen in die Waagschale, so stärkt das Europa. Und würde Europa zur **eigenständigen Weltmacht,** zur **allerersten ökonomischen Weltmacht,** eine **souveräne Macht,** so darf jede europäische Nation für sich hoffen, selbst gewichtiger Teil dieser **Weltmacht Europa** zu sein. Der Weltmachtanspruch der eigenen Nation, die Berechnung auf nationale Überlegenheit, das wäre dann eingelöst.

Ist Europa tatsächlich einmal die Weltmacht des 21. Jahrhunderts, dann hätte jede europäische Nation das Recht und die Möglichkeit, in der ganzen Welt bis in die letzten Winkel des Planeten entscheidend mitzureden oder einzugreifen – eben Welt-Macht zu sein und als solche weltweit zu handeln. **Europa als Weltmacht, Europa als souveräne Macht:** ein solches Europa muß **mit allen(!) nur möglichen(!) Mitteln** (A. de Benoist) geformt und hergerichtet werden. Das heißt aber auch, daß dieses rechtsextreme Europa, einer geschlossenen Festung gleich, nach außen, gegen den Rest der Welt antritt. Das meint die Rede von **Europa als Nation.** Und wenn verkündet wird, dieses Programm sei **mit allen nur möglichen Mitteln** zu verfolgen, so ist das getrost wörtlich zu nehmen: jedes Mittel soll dafür recht sein – schließlich soll die eigene Nation Weltmacht werden, weltweit souveräne Handlungsfreiheit bekommen.

In diesem Weltmacht- oder Überlegenheitsprogramm ist die Feindschaftserklärung an den Rest der Welt, an alles was »nichteuropäisch« ist oder scheint, eingeschlossen. Als Feinde Europas gelten die USA, Osteuropa, sofern es sich nicht eingemeinden lassen will, Japan, Asien, Afrika, die 3. und 4. Welt, der Islam, die sogenannte jüdische Internationale und jene Teile der europäischen Bevölkerungen, die dem rechtsextremen Weltmachtprojekt als nicht brauchbar erscheinen, dieses Projekt ablehnen oder seiner Ablehnung auch nur verdächtig sind. Zu weltweiter Überlegenheit entschlossen, zur Feindseligkeit bereit, den Konkurrenzkampf der Nationen bejahend, kann rechtsextreme Politik dann allerdings drohen: **es kann keinen Frieden auf der Welt geben ohne ein freies Europa,** ohne ein Europa, das als Weltmacht die Weltmachtfähigkeit einer jeden europäischen Nation herzustellen und zu garantieren hat.

Auch fordert das Programm eines weltmachtfähigen Europas, daß dieses Europa entsprechend hergerichtet und mobilisiert werden muß. Verlangt ist – ganz analog der Mobilisierung einer jeden einzelnen Nation nach innen – eine möglichst junge, eine möglichst kräftige, eine möglichst zahlreiche Bevölkerung des Kontinents.

Denn **500 Millionen Bewohner bieten die Chance zur**

ersten Weltmacht (Le Pen). Allerdings nicht irgendwelche Bewohner. Sie müssen sich schon zum Ziel nationaler und europäischer Weltmachtansprüche bekennen; sie müssen sich schon für ein Europa als eine **souveräne allererste Weltmacht** begeistern. Da ist nicht nur nationale, da ist **europäische Identität, europäischer Patriotismus** verlangt. Da ist europäischer Stolz, Stolz auf die Vergangenheit, Gegenwart und Zukunft Europas gefordert: **Europa als zivilisatorischer,** als **kultureller,** als **abendländischer** und sonstiger **Mittelpunkt,** natürlich mindestens x-tausendjährig, heißt es in rechtsextremem Schrifttum. Ein **pluri- oder multikulturelles Europa darf es nicht geben;** denn ein Europa, das nicht auf europapatriotische Bevölkerungen zählen kann, um sie zu benutzen, ein solches Europa wird niemals die Weltmacht des 21. Jahrhunderts werden können. Deshalb sollen die europäischen, die europapatriotischen Bevölkerungen möglichst zahlreich sein. Für Nichteuropäer, für Flüchtlinge, für politische Flüchtlinge, für Einwanderer oder Gastarbeiter ist Europa demgemäß »zu eng, zu dicht besiedelt . . .«.

Und fordert der europäische Rechtsextremismus: **es wird auch kein Europa ohne Soldaten und ohne Helden geben;** und teilt er zugleich mit: **mit dem Thema Patriotismus ist der Begriff soldatische Ehre zu verbinden** (F. Schönhuber), so dürfen die europäischen Bevölkerungen wissen, wozu sie und ihr **europäisches Selbstbewußtsein,** ihre europäische **Identität** oder ihr **Patriotismus** dienen und benutzt werden sollen: für ein Europa, das **mit allen nur möglichen Mitteln zur souveränen, zur allerersten Weltmacht** aufgerichtet werden soll. **Dazu** sind die Bevölkerungen Europas – notfalls – als Soldaten oder Helden notwendig. Das »verspricht« ihnen rechtsextreme Europapolitik.

16. Weltbevölkerung: 4,8 Milliarden Nichteuropäer oder: Wer ist zuviel?

... wie lang Europa noch das Opfer der Überbevölkerung anderer Kontinente sein wird

(Kärntner Nachrichten, 1986, Österreich)[132]

gegen die Bevölkerungsexplosion von Nichteuropäern

(Der Republikaner, 1990, Deutschland)[133]

Die demographische Bedrohung durch das Zusammenwirken eines tödlichen Geburtenrückgangs in den westlichen Ländern und der demographischen Explosion in der 3. Welt ... Herausforderung mit kosmischen Dimensionen

(Le Pen, 1989, Frankreich)[134]

Das demographische Überleben des französischen Volkes sichern; das bedeutet, die französische Fruchtbarkeit, nicht die ausländische Fruchtbarkeit ermutigen

(Programme du Front National, 1985, Frankreich)[135]

Der Rechtsextremismus benötigt eine möglichst zahlreiche europäische Bevölkerung, eine Bevölkerung, die sich vorbehaltlos zum Programm **Nation Europa als Weltmacht** bekennt und diesem weltpolitischen Ziel dient. Europapatriotische **Bevölkerungsmassen** (Le Pen) sind die **Trumpfkarte** (Le Pen), die Chance, Europa und damit die eigene Nation weltmachtfähig zu machen. Möglichst zahlreiche Träger und Diener der Weltmachtpolitik befähigten den Kontinent mitsamt seinen Nationen, weltweit frei und ungehindert handeln zu können. Deshalb beklagt der Rechtsextremismus den hunderttausendfachen Geburtenrückgang pro Jahr, sowie Aids, Drogen und die moralisch-sittliche Dekadenz, d. h. den angeblichen Untergang von Nationalstolz und Patriotismus. Für europapatriotische Bevölkerungen ist der Kontinent keinesfalls zu klein, zu eng oder zu dicht besiedelt. Da ist die Rede vom **demographischen Winter** (Le Pen) der Nation und Europas, vom **demographischen** Niedergang, Verfall und Untergang Europas und des Abendlandes. Da ist in Frankreich, in Österreich, in Belgien, in Deutschland und anderswo die rechtsextreme Rede vom Aussterben der jeweiligen Bevölkerungen zugleich die Aufforderung an jede Frau und an jede Familie, sie hätten ihre Nachwuchswünsche in den Dienst dieser Weltmachtpolitik zu stellen. Da wird die Frau daran erinnert, daß sie als **Fruchtbarkeitsrate der Nation** (Le Pen) gewertet wird und als solche zu dienen habe. Denn eine Nation Europa, die mit allen Mitteln allererste Weltmacht werden will, die braucht diese **demographische Mobilmachung.**

Nicht gebraucht werden allerdings Menschen, denen vermutlich die Begeisterung für eine Weltmacht namens Europa nicht beizubringen ist, die also nicht zur **europäischen Identität (Geschichte / Vergangenheit / Tradition / Erbe / Kultur / Wertegemeinschaft / Zivilisation / Abendland . . .)** gehören oder ihrer angeblich nicht fähig sind. Diese Menschen **bedrohen, kolonisieren, überfremden** Europa. Und weil sie des europäischen Stolzes oder Patriotismus nicht fähig sind, deswegen sind sie **zu viele;** jeder Nichteuropäer gehört prinzipiell zu dem Teil der Weltbevölkerung, der **zuviel** ist, weil er kein europäischer Patriot sein kann. Dementsprechend malt der Rechtsextremismus Schreckensbilder planetarischen oder kosmischen Ausmaßes durch die *Explosion* der Weltbevölkerung, sieht Europa plus Abendland von Flüchtlings- und Einwanderungswellen umbrandet, wo nicht schon überschwemmt. Und er dokumentiert in all diesen Bedrohungs- und Schreckensbildern nichts anderes als seine Entschlossenheit, mit einer Bevölkerungs-, Jugend- und Familienpolitik ernst zu machen, die möglichst zahlreiche europäische Patrioten hervorbringt.

Der europäische Rechtsextremismus hat mit der Weltbevölkerung und ihrem Wachstum nur ein Problem: Ihm mißfällt, daß, gemessen am Weltmachtanspruch Europas und damit der eigenen Nation, **zu wenige** Teile der Weltbevölkerung ihm zur freien Verfügung stehen; wogegen der nichteuropäische Teil der Weltbevölkerung deswegen **zuviel** ist, weil für das europäische Weltmachtprogramm unbrauchbar. Der nichteuropäische Teil der Weltbevölkerung gilt schließlich als endgültig und hoffnungslos zuviel, je mehr er sich seinerseits – sei es unter der Fahne des Islams, der arabischen, der afrikanischen, der asiatischen oder insgesamt der 3. Welt – dem Weltmachtprogramm eines rechtsextremen Europas entgegenstellt oder sich entgegenzustellen versucht. Aber zu viele Europäer, mitbeteiligt an der sogenannten *Explosion* der Weltbevölkerung, kann es überhaupt nicht geben, denn zu viele, das sind immer nur die anderen, diejenigen, die keine europäischen Patrioten sind.

Überhaupt versteht sich rechtsextreme Politik erst dann als wahrhafte Weltmachtpolitik, wenn sie die in die Weltbevölkerung verwandelte Menschheit, deren Geburten- und Wachstumsverhalten, deren Wanderungs-, Flucht- und sonstige Bewegungen unter souveräner europäischer Herrschaft, Kontrolle und Steuerung hat: rechtsextreme Politik als bestimmendes Subjekt einer Weltbevölkerungspolitik. Solche Weltbevölkerungspolitik macht Forderungen gegenüber den Mädchen und Frauen dieser Welt geltend. Diese Forderungen sind alles andere als bescheiden.

17. Mädchen und Frauen – wofür, wozu? Demographische Mobilmachung

In einer Welt, in der einzig die Machtverhältnisse zählen . . . den Weg zur Macht (wiederfinden)

(Le Pen, 1989, Frankreich)[136]

. . . die Nationen, die keine große geopolitische Dimension besitzen, werden keine Rolle mehr im Weltmaßstab spielen

(Le Pen, 1984, Frankreich)[137]

. . . die Deutschen . . . ihren Platz in der Welt ihrem Rang gemäß zu bestimmen. Diesem Rang gemäß war eine Großmachtposition

(Junge Freiheit, 1992, Deutschland)[138]

Die geopolitische Macht hängt mit der demographischen Macht zusammen

(B. Mégret, 1986, Frankreich)[139]

(Europa bietet sich) mit seinen 500 Millionen Einwohnern die Chance zur ersten Weltmacht

(Le Pen, 1989, Frankreich)[140]

Europa . . . sollte begreifen, daß ein Teil seiner Zukunft im Süden spielt, letzte Möglichkeit zur politischen und ökonomischen Expansion

(Le Pen, 1989, Frankreich)[141]

Zweck und Inhalt rechtsextremer Außenpolitik ist Weltmacht zu werden oder Weltmachtfähigkeit zu erlangen – im weltweiten Konkurrenzkampf der Nationen. Diesen Kampf, einzig bestimmt durch die **Machtverhältnisse,** will solche Politik nicht beenden. Erfolgreich an ihm teilnehmen, das will rechtsextreme Außenpolitik. Das Interesse an Macht, an Großmachtposition ist rechtsextremer Außenpolitik von Anbeginn an eingeschrieben, ist ihr Anspruch, ihr Ziel, ihr Lebenselexier.

Das (groß)machtpolitische Interesse gebietet eine nüchterne, eine strategische Beurteilung der Welt: welche Landschaften, Gegenden, Gebiete, Länder dieser Welt sind zugänglich, beeinflußbar, kontrollierbar, letztendlich: auf irgendeine Weise beherrschbar? Solche Beurteilung der Welt gilt als Realpolitik, als Realpolitik **im Weltmaßstab.** Dieser Blick verwandelt die Welt in geopolitische Einflußzonen. Außenpolitik ist Geopolitik: Welche Gegenden dieser Welt sind der eigenen, der nationalen Macht und Machterweiterung verfügbar, welche dagegen nicht?

Doch die weltweiten, die geopolitischen Einflußmöglichkeiten reichen nur so weit, wie sie über die entsprechenden Machtmittel verfügen. **Den Weg zur Macht (wieder)finden,** das heißt für Geopolitik, die eigenen Machtmittel zu überprüfen. Selbstkritisch zieht Geopolitik Bilanz – nach innen: Welche Mittel zur Macht und Machterweiterung stehen zur freien Verfügung? Welche innerstaatlichen Mittel können für außenpolitische Souveränität, für geopolitische Handlungsfreiheit mobilisiert werden? Und da weder erfolgreiche Außenpolitik, noch erfolgreiche Diplomatie, noch erfolgreiche (Außen-)Wirtschaftsbeziehungen, noch erfolgreiche Kriege ohne zustimmende und bereitwillige Menschen zustande kommen, so schließt rechtsextreme Politik: **Die geopolitische Macht hängt mit der demographischen Macht zusammen.** Weltmachttaugliche Geopolitik beruht nicht ausschließlich auf demographischer Macht, also auf dem verfügbaren Bevölkerungspotential; aber ohne verfügbare Bevölkerungsmenge ist erfolgreiche Geopolitik nicht abzuwickeln.

So verwandelt Geopolitik die Menschen eines Landes in ein lebendiges Mittel der Macht, in ein Instrument des Weltmachterfolgs der eigenen Nation, oder, mit offenen Worten: **Mit seinen 500 Millionen Einwohnern bietet sich (z. B.)**

Europa die Chance zur ersten Weltmacht. Die rein quantitativ-statistische Logik der großen Zahl, zu der Geopolitik die eigene Bevölkerung macht, teilt jedem Einwohner mit, als was er gilt: als numerische Rechengröße, als Schachfigur der geopolitischen Berechnungen. Weltmachterfolg ist Zweck und Inhalt dieser Politik, die Einwohner sind als Mittel und Material dieses Zwecks vorgesehen.

Die Menschen als machtvolle Waffe des außenpolitischen Erfolgs, so besinnt sich Geopolitik auf die eigene Bevölkerung. Und es liegt im Begriff der Geopolitik, daß sie nur als Großmacht in dem Konzert, in dem einzig die Machtverhältnisse zählen, eine Rolle spielt: Ökonomische und politische **Expansion** ist Voraussetzung und Konsequenz dieser Außenpolitik. Doch nur mit einer dazu nützlichen und verfügbaren Bevölkerungsmenge ist Expansionspolitik zu machen. Überprüfung der eigenen Bevölkerung und eine dem geopolitischen Interesse angemessene und untergeordnete Bevölkerungspolitik lautet die erste Maxime dieser (Außen-)Politik. Demographische Mobilmachung und Expansion – so kann nationale Geopolitik das Weltmachtziel in Angriff nehmen. Denn rechtsextreme Außenpolitik ist Geopolitik; und sie will es auch sein und bleiben.

... die Nation braucht Kinder ...

(Programme du Front National, 1985, Frankreich)[142]

Frankreich kann seine Unabhängigkeit nur garantieren, wenn es über ein junges, starkes und zahlreiches Volk verfügt

(Le Pen, 1984, Frankreich)[143]

... für die Zukunft Frankreichs und Europas ... unser demographisches Potential ... ist ein kategorischer Imperativ

(Le Pen, 1989, Frankreich)[144]

Das demographische Überleben der Nation ist ein Hauptpunkt, der alle Opfer rechtfertigt ... (ist) von nationalem Interesse ...

(Programme du Front National, 1984, Frankreich)[145]

Wir treten dafür ein: daß deutsche Interessen bei allen politischen Entscheidungen im Vordergrund stehen

(Republikaner-Flugblatt, 1989, München)

Nur eigene Kinder sind die alleinige Grundlage der deutschen und europäischen Zukunft

(15 deutsche Professoren, Heidelberger Manifest, 1981, Deutschland)[146]

... Europas Macht beruht auf ... der Bevölkerungsmasse

(Le Pen, 1989, Frankreich)[147]

Rechtsextreme Politik macht aus dem Verhältnis Geopolitik – Bevölkerung kein Geheimnis: Geopolitik ist der Zweck, die Bevölkerung ist Mittel dieses Zweckes; Geopolitik ist Subjekt, die Bevölkerungen gelten als Objekt dieser machtpolitischen Veranstaltung; die demographische Mobilmachung soll der machtvollen Erweiterung der Geopolitik dienen. Darum heißt es: **Die Nation braucht Kinder.** Geopolitik macht aus ihrem Kinder- und Nachwuchswunsch keinen Hehl.

Unser demographisches Potential ist also ein **kategorischer Imperativ,** ein unabweisbarer Befehl. Schließlich geht es um nichts Geringeres als um die Zukunft – nicht der Kinder, sondern der Nation und ihrer erfolgreichen Geopolitik. In Betracht kommt die Zukunft der Kinder in ganz anderer Hinsicht: Nur als **junge, starke und zahlreiche** Teilmenge eines jungen, starken und zahlreichen Volkes verdienen die Kinder gebührende Aufmerksamkeit und (Be-)Achtung; nur in solcher Qualität und Quantität sind Kinder und Bevölkerung **verfügbares** Material außenpolitisch erfolgreicher Geopolitik. In dieser Weise stellen Kinder und Bevölkerung ein benutzbares Potential dar und bilden jene demographische Macht, von der auch geopolitische Macht abhängt. Deshalb ist die entsprechende Bevölkerungs- und Geburtenpolitik von allererstem, **von nationalem Interesse:** Geopolitik will eine Bevölkerungs- und Geburtenpolitik, **die alle (!) Opfer (!) rechtfertigt.** Ganz buchstäblich ist es gemeint, wenn es heißt: **Wir treten dafür ein, daß deutsche (!) Interessen bei allen (!) politischen Entscheidungen im Vordergrund stehen.** Nicht anders als in anderen Bereichen des gesellschaftlichen und politischen Lebens gilt hier das »Naturvorrecht« des nationalen Interesses gegen die Einzelinteressen der eigenen Bevölkerung. Besonders aber in der Bevölkerungs- und Geburtenpolitik hat der kategorische Imperativ des nationalen Interesses unnachgiebig zu gelten: Schließlich weiß das nationale Interesse die (zukünftigen) Kinder und lebenden Menschen als Material und wesentliche Voraussetzung seiner Macht.

Dem Machtinteresse gemäß, das weiß, was es außenpolitisch will und innenpolitisch zu fordern hat, ist Geopolitik anspruchsvoll und wählerisch zugleich: **Nur eigene Kinder** gelten als Grundlage und Voraussetzung demographischer Macht zu Diensten **nationaler** Zukunft, also nationalen weltpolitischen Machterfolgs. Dies zum einen, weil nur bei eigenen Kindern der benutzbare, nationale Patriotismus gesichert zu sein scheint, zum anderen, weil nur die eigenen Kinder tatsächlich auch grenzenlos verfügbares Material der nationalen Geopolitik sind. Sie gelten spätestens ab der Geburt als Besitz rechtsextremer Politik. Die beansprucht unbedingtes Vor- oder Hoheitsrecht über Kinder, Nachwuchs und Menschen im eigenen Land.

Mit einer Bevorzugung oder Begünstigung der eigenen Kinder und der eigenen Bevölkerung ist dieser hoheitliche Besitzanspruch und geopolitische Kinder- und Nachwuchswunsch allerdings nicht zu verwechseln: Als dienstwilliges und benutzbares machtpolitisches Instrument, als **Bevölkerungsmasse** sind Kinder, Nachwuchs und Bevölkerung eingeplant; Bevölkerungs- und Geburtenpolitik in Weltmachtdiensten; demographische Mobilmachung zu Diensten nationaler Geopolitik.

Von den bevölkerungsreichsten Ländern der Welt nehmen alle zu: Mit einer Ausnahme – der Bundesrepublik Deutschland! Bei der Geburtenrate steht diese an letzter Stelle

(F. Schönhuber, 1987, Deutschland)[148]

Die bevölkerungspolitische Lage in Österreich spitzt sich dramatisch zu. Gemeinsam mit der BRD liegt der Alpenstaat an der Spitze jener Länder mit der geringsten Geburtenrate . . . tödlicher Trend . . .

(Der Völkerfreund, 1989, Österreich)[149]

. . . die Fruchtbarkeitsrate (Anzahl der Kinder pro Frau) hört nicht auf zu sinken . . . demographischer Winter . . .

(Programme du Front National, 1985, Frankreich)[150]

Die demographische Situation Frankreichs ist katastrophal . . . dieses demographische Übel . . . riskiert . . . den biologischen Tod Frankreichs . . . und unser Volk aus der Landkarte der Nationen zu streichen . . .

(B. Mégret, 1986, Frankreich)[151]

Gegenüber der zur Erhaltung unseres Volkes notwendigen Zahl von Kindern werden jetzt jährlich kaum mehr als die Hälfte geboren

(15 deutsche Professoren, Heidelberger Manifest, 1981, Deutschland)[152]

Konsequenter Schutz des Volkstums fängt im Mutterleib an

(Deutsche Liga für Volk und Heimat, 1991, Deutschland)[153]

Vorausschauende Geopolitik und Expansion gebieten zur Verwirklichung ihrer ehrgeizigen Ziele nach außen ein **junges, starkes und zahlreiches** Volk als Mittel und Substanz der geopolitischen Macht. Das außenpolitische Interesse begründet und diktiert den demographischen Blick nach innen – im Vergleich mit dem demographischen Zustand der geopolitischen Konkurrenz. Gemessen an diesem Maßstab, gemessen an diesem Interesse, hinkt der demographische Zustand der eigenen Bevölkerung, des eigenen menschlichen Materials nationaler Macht und Machterweiterung immer hinterher. Weil die Machterweiterung Ausgangspunkt und Ziel der geopolitischen Betrachtung und Beurteilung ist, weil nur die Machterweiterung gegenüber den anderen Konkurrenten Zukunft hat, deswegen trabt der gegenwärtige Zustand der Bevölkerung dieser nationalen Zukunft immer hinterher: Im Vergleich mit der zukünftigen Machterweiterung gegenüber der geopolitischen Konkurrenz gilt die eigene Bevölkerung prinzipiell immer als **zu wenig, zu schwach, zu alt;** denn die Zukunft offenbart nicht, wieviel Bevölkerungsmasse für den zukünftigen Weltmachtkampf vermutlich noch gebraucht wird. Darum, so rechtsextreme Politik, kann die eigene Bevölkerung **nie jung, stark und zahlreich** genug sein. Deshalb betreibt Geopolitik eine recht vorsorgliche demographische Mobilmachung.

Die bevölkerungs- und geburtenpolitische Diagnose fällt dementsprechend **dramatisch, katastrophal, selbstmörderisch, vernichtend** . . . aus. Da steht die eigene Nation an **letzter Stelle,** da ist vom **tödlichen Trend** und vom **demographischen Winter** die Rede; der **biologische Tod,** nicht der Menschen, sondern der Nation wird ausgemalt und beklagt zugleich – genau von jener Politik, die im selben Atemzug das Wachstum der in eine Weltbevölkerung verwandelten Menschheit als **bedrohlich, zuviel, explosiv, untragbar** bezeichnet.

Gemessen am Machtanspruch der nationalen Geopolitik und ihrer Expansion, immer unter dem Ziel und Titel **Erhaltung unseres Volkes, werden jetzt kaum mehr als die Hälfte der notwendigen (!) Zahl (!) von Kindern geboren;** gemessen also am Weltmachtanspruch der eigenen Nation sind Kinder und Bevölkerungsnachwuchs immer schon: zu wenig – hier, im eigenen Land; weshalb sie andernorts immer schon zu viele sind, gelten sie doch dort ihrerseits als **demo-**

graphische Macht und Substanz der geopolitischen Konkurrenz. Vorsorglichkeit und Vorausschau des geopolitischen Kinder- und Nachwuchswunsches haben ihr Maß und ihren Ausgangspunkt also nicht im Interesse einer Zukunft für die Kinder und des Nachwuchses, sondern in der Zukunft des nationalen Weltmachterfolgs. Dessen Zukunft diktiert das Interesse an zukünftigen Kindern. In anderen Worten: **Konsequenter Schutz des Volkstums fängt im Mutterleib an.** Weltmachtfähige Zukunftsplanung bedarf des hoheitlichen Zugriffs auf den Mutterleib; weltmachtfähige Nachwuchs- und Geburtenplanung sichert sich das Vorrecht auf den Mutterleib. Konsequente Geopolitik beginnt im Mutterleib.

Solche vorausschauende geopolitische Planung des Mutterleibs begegnet den leibhaftigen Trägerinnen der nationalen Zukunftsplanung mit einem Anspruch, der zugleich Auftrag ist. Die Mädchen und Frauen der Nation müssen wissen: **die Nation (!) braucht Kinder** – auch wenn dieser geopolitische Kinder- und Nachwuchswunsch noch lange nicht mit dem privaten Kinder- und Nachwuchswunsch der Mädchen und Frauen zusammenfällt. Dessenungeachtet schreibt dieser Ausspruch den Mädchen und Frauen einen außergewöhnlichen Status zu. Als leibhaftige Trägerinnen geopolitischer Bevölkerungswünsche, als (nationale) **Fruchtbarkeitsraten** gelten sie. Das ist ihre eigentliche Aufgabe, ihre eigentliche Verantwortung, ihre eigentliche Mission, der eigentliche und höhere Sinn und Zweck ihres Daseins.

Den Deutschen werden noch große Aufgaben zuwachsen

(Junge Freiheit, 1992, Deutschland)[154]

... aus Europa eine allererste ökonomische Weltmacht machen ... (durch) eine wahrhaft europäische Familienpolitik ...

(Le Pen, 1989, Frankreich)[155]

Die Familienpolitik ... als Instrument einer Geburtenpolitik ... Eine große Familienpolitik für die demographische Wiederbelebung ...

(B. Mégret, 1986, Frankreich)[156]

Die Familienpolitik hat sich auch an der Erhaltung unseres Volkstums und unserer abendländischen Kultur und Überlieferung auszurichten

(Lorenzener Erklärung, 1989, Österreich)[157]

Der Sinn der Familie ist das Kind und seine Erziehung zum wertvollen Glied der Volksgemeinschaft. Ein Volk lebt nur durch seine Kinder weiter, weshalb den Müttern der erste Platz in Rang und Ansehen einzuräumen ist

(NDP, 1980, Österreich)[158]

Die Familie ist die ursprünglichste Lebensform, in der der Mensch im Zusammenleben mit anderen sein Wesen verwirklicht

(Republikaner-Parteiprogramm, 1990, Deutschland)[159]

Wenn die Familie geschwächt wird, dann ist das Vaterland bedroht

(Le Pen, 1984, Frankreich)[160]

2000 Jahre lang ist die Ehe zwischen Mann und Frau die Keimzelle der christlich-abendländischen Gesellschaft gewesen ..., Beitrag zur Fortexistenz der Gesellschaft

(Der Republikaner, 1992, Deutschland)[161]

Geopolitik organisiert die demographische Mobilmachung nach innen, um über genügend **Bevölkerungsmasse** zur Verwirklichung des außenpolitischen Erfolgs verfügen zu können. Darum werden den Bevölkerungen, den Frauen und Kindern zumal, **noch große Aufgaben zuwachsen.** Der geopolitische Kinderwunsch versichert sich des hoheitlichen Zugriffs oder Vorrechts auf alles ihm verfügbare menschliche Leben. Der weibliche Körper, als Mutterleib lebendiger Täter der Zukunftshoffnungen und -erwartungen der Nation, untersteht also von Anbeginn an dem »Naturrecht« der Geopolitik auf menschlichen Nachwuchs als Mittel außenpolitischer Zwecksetzungen. Und da auch geopolitische Kinder- und Nachwuchswünsche ohne männliche Partner so ohne weiteres nicht möglich sind, haben Mädchen und Frauen das geopolitische Nachwuchsinteresse grundsätzlich innerhalb einer Familie auszutragen. Es muß dafür gesorgt sein, daß Frau, Mann und Nachwuchs füreinander aufkommen, also möglichst lebenslang für- und gegeneinander auch in privaten, beruflichen, gesundheitlichen und anderen existentiellen Krisen haftbar gemacht werden können. Denn rechtsextreme Außenpolitik schmälerte ihre Erfolgsaussichten, würde sie nach innen durch allerlei soziale Neben- oder Unkosten unnötig belästigt werden. Vielmehr garantiert die durch rechtsextreme Familien- und Erziehungspolitik zwangsverpflichtete Familie aber auch noch die einzig erwünschte und zugelassene Erziehung des Nachwuchses: die moralische Parteinahme für die eigene Nation und deren Weltmachtambitionen; zukunftsträchtige Geopolitik lebt nur in patriotisch gesinntem Nachwuchs weiter, nur patriotisch eingestellter Nachwuchs macht sich die Zwecke rechtsextremer Außenpolitik auch zu seinen eigenen Zwecken. Folgerichtig wird deshalb klargestellt: **Der Sinn der Familie ist das Kind und seine Erziehung zum wertvollen Glied der Volksgemeinschaft – wertvoll,** nicht wertlos, nicht unbrauchbar oder nicht benutzbar hat das zukünftige Mitglied der Nation zu sein. Darin, nicht in der privaten Zuneigung, nicht im privaten Bedürfnis zueinander liegt der eigentliche Zweck und höhere Sinn der Familie und des Nachwuchswunsches. Zugelassen sind sie schon, die privaten Gefühle zwischen Frau, Mann und Kindern. Aber ihrem Dienst am geopolitischen Interesse haben sie sich nicht zu verschließen.

Die ansonsten heilige und unantastbare Familie ist mit einer vaterländischen Mission beseelt. Das wird auch offen angesprochen: **Wenn die Familie geschwächt ist, dann ist das Vaterland bedroht.** Und weil das Zusammenleben von Frau, Mann und Kindern mit einer vaterländischen Mission betraut ist, deshalb wird es nur in der von rechtsextremer Außenpolitik vorgesehenen, gesetzlich betrauten Form als moralisch, als wertvoll, richtig und einzig mögliche Form anerkannt. Entgegen aller logischen, ethnologischen, historischen und gegenwärtigen Wirklichkeit und Wahrheit muß nur noch behauptet werden, genau diese von der Geopolitik anerkannte Form des Zusammenlebens sei die anthropologische, biologische oder existentielle Bedingung des Menschseins überhaupt; nur diese außen- oder geopolitisch erwünschte Form sei genau jene Form, **in der der Mensch ... sein Wesen (!) verwirklicht (!).**

Die vaterländische Mission soll aus dem Zusammenleben von Frau, Mann und Kindern die geopolitisch benutzbare Form machen. Dem dient rechtsextreme Familien-, Ehe-, Erziehungs- und Kinderpolitik. Diese Politiken sind **Instrumente einer Geburtenpolitik ... eine große Familienpolitik für die demographische Wiederbelebung,** Mobilmachung. Mit solcher Mobilmachung, europaweit durchgesetzt, eröffnet sich die Zukunft, **aus Europa eine der allerersten ökonomischen Weltmacht zu machen.** Diesem Zweck sollen die vaterländisch beauftragten Gefühle zwischen Frau, Mann und Kindern unterworfen werden. Auf diesen Dienst, namens **Erhaltung unseres Volkstums, unserer abendländischen Kultur und Überlieferung** will Geopolitik das Zusammenleben zwischen Frau, Mann und Kindern festschreiben – **weshalb den Müttern der erste Platz in Rang und Ansehen einzuräumen ist.**

... die Frau als absolut unersetzbares Wesen im Leben
(Le Pen, 1984, Frankreich)[162]

Das Überleben des Volkes liegt einzig in der Verantwortung der Frauen ...
(B. Mégret, 1986, Frankreich)[163]

Der Begriff Mutter muß wieder Höchstwert werden ... Solange ein Volk ... leben will, wird die Rolle der Frau als Mutter immer die erste und wichtigste Funktion sein, die der Frau zukommt
(NDP, 1980, Österreich)[164]

... gibt es zwischen Frau und Mann von der Natur her gegebene Unterschiede, die in einer natürlichen Ordnung ihre Berücksichtigung finden müssen
(NDP, 1980, Österreich)[165]

Die »Passivität« der Frau und ihre »Disponibilität« ... sind Teil jener natürlichen Konstitution
(A. de Benoist, 1977, Frankreich)[166]

Frau und Mann sind ... trotz ihrer Wesensunterschiede von gleichwertiger Tüchtigkeit im Leben und Beruf. Es ist jedoch insbesondere der Frau gegeben, durch Wärme und Hingabe ein Klima der Geborgenheit zu schaffen ... naturgegebene Fähigkeiten als Mutter und Mittelpunkt der Familie
(Republikaner-Parteiprogramm, 1987, Deutschland)[167]

Frau und Mann sind gleichberechtigt, das Recht auf Selbstverwirklichung stehen Frau und Mann gleichermaßen zu ...
(Republikaner-Parteiprogramm, 1990, Deutschland)[168]

In rechtsextremer Politik gelangt die Frau zu hohen Ehren: **die Frau als absolut unersetzbares Wesen im Leben** – ein Lob, das nur gilt, solange die Frau sich der Verantwortung, des eigentlichen Zwecks und des höheren Sinns ihres Daseins, ihrer vaterländischen Mission bewußt ist und auch danach handelt. Die Verantwortung, die Dienst und patriotische Verpflichtung heißt, verwandelt die Frau nicht nur in **absolut unersetzbare Fruchtbarkeitsraten.** Wirklich national nützlich sind die Fruchtbarkeitsraten nur, wenn sie ihren Dienst in der geopolitisch erwünschten Form des Zusammenlebens ableisten. Das macht aus Mädchen und Frauen: Mütter. Denen, aber auch nur denen kommt **Höchstwert** zu.

Weil aber Mädchen- und Frausein nicht zwingend heißt, immer auch zugleich Mutter sein oder Mutter werden zu wollen; weil die Entscheidung, wer und wann wie viele Kinder will, in den Händen, in den Zuneigungen, in den Erwartungen der Mädchen und Frauen selbst gelegt ist; weil die Mädchen und Frauen Herrinnen dieser Entscheidungen sind; weil es also kein anthropologisches oder biologisch-genetisch festgelegtes Instinktprogramm gibt, das mit naturgesetzlichem Trieb und naturgesetzlicher Notwendigkeit den Mädchen und Frauen Zeitpunkt, Ort, Partner und Form des Zusammenlebens aufzwingt; weil die Natur keinem Mädchen und keiner Frau ausgerechnet die geopolitisch erwünschte Form des Zusammenlebens und der Kinderzahl aufherrscht; weil also keinem Instinktprogramm und keinem Naturgesetz das nationale Weltmachtinteresse eingeschrieben ist, gerade deswegen **muß (!) der Begriff Mutter wieder Höchstwert werden.** Die demographische Mobilmachung will die Frau in Gestalt der Mutter und als **Mittelpunkt der Familie.** Nur deshalb **wird die Rolle der Frau als Mutter immer die erste und wichtigste Funktion (!) sein, die der Frau zukommt.** Die Frau als Funktionsanhängsel, als Funktionsträgerin und als Funktionserfüllerin des geopolitisch erwünschten Aufgaben- und Pflichtenkatalogs, den rechtsextreme Familien- und Frauenpolitik aufstellt.

Rechtsextremer Pflichtenkatalog und die ihm eigenen Einstellungen **(Passivität, Disponibilität, Hingabe . . .)** sind dem Mädchen- oder Frausein äußerlich, aber gerade von den Mädchen und Frauen soll dieser familienpolitische Pflichtenkatalog erfüllt werden. Da genügen familien- und frauenpolitische Gesetzesvorhaben alleine nicht. Die Frau sollte schon einsehen und daran glauben, daß der (außen-)politische Wunsch ganz eigentlich betrachtet doch **Teil jener »natürlichen« Konstitution** ist, die sie als Frau scheinbar auszeichnet: das geopolitische Ideal des Zusammenlebens von Frau, Mann und Kindern und das geopolitische Nachwuchstraumergebnis, ausgerechnet in diversen Kinderzahlen- und Geburtenhochrechnungen, als unausweichliche **Konstitution,** als unbedingtes Instinktprogramm, als unumgängliche **Natur** der Frau; die statistischen Berechnungen rechtsextremer Außenpolitik über zukünftige **Bevölkerungsmassen** als genetischer Code der Frau – eine Traumhochrechnung.

Demographische Mobilmachung trägt einen unterschiedlichen Pflichtenkatalog an Mädchen, Frau und Mann gleichermaßen heran und legt ihn den Betroffenen zur vaterländischen Pflichterfüllung nahe. Weil rechtsextreme Außenpolitik von Frauen und Männern gleichermaßen unterschiedliche Dienste am Weltmachterfolg einfordert, deshalb sollen die unterschiedlichen Einstellungen und Opfer, die diese Dienste einklagen, als aus der biologisch-genetischen Natur von Frau und Mann entspringend gelten. So vielleicht sehen Mann und besonders die Frau ein, daß es so sein muß, wie es ist, weil es (natürlich) anders nicht geht; rechtsextreme Ordnung und die unterschiedlichen Dienste von Frau und Mann an dieser Ordnung als **natürliche Ordnung.**

In ihrem Dienst an der demographischen Mobilmachung, in diesem **Recht auf Selbstverwirklichung** sind Frau und Mann als **gleichwertige Tüchtigkeit,** als **gleichberechtigt** anerkannt. Das sichert Geopolitik zu. Ergeben sich im Verlauf der demographischen Mobilmachung tatsächlich besondere nachteilige Unterschiede für die Frau im Vergleich mit dem Mann, so liegt das an den besonderen Diensten, die sie leistet. Männerherrschaft, Patriarchalismus ist weder Selbstzweck noch Ziel dieser Politik, allenfalls deren leidige Konsequenz. Denn Zweck und Ziel von Geopolitik, Expansion und demographischer Mobilmachung ist die Indienstnahme der **Bevölkerungsmasse** insgesamt. Jeder hat auf seine Weise dem geopolitischen Weltmachterfolg dienstbar zu sein: der Mann als Soldat der Arbeit und, falls notwendig, als Soldat der Nation; die Frau als Trägerin, Mutter und Erzieherin der außenpolitischen Zukunftshoffnung in ihrem Leib; das Kind prinzipiell als zukünftiges Mittel dieser Politik; unterschiedliche Dienste am gleichen Zweck.

Die Geopolitik beansprucht hoheitliches Zugriffsrecht auf alles menschliche Leben in ihrem Gebiet – bis hinein in den Mutterleib. Als Höchstwert gilt die Frau dann, wenn und solange sie die vorgesehene geopolitische Funktion erfüllt. Aber, wo die (Hoch-)Achtung großgeschrieben wird, da ist die Verachtung nicht weit. Das liegt in der Natur des moralischen oder Werturteils. Achtung »verdient« die Frau nur als willige Trägerin der außenpolitischen Zukunftshoffnungen in ihrem Leib. Bekennt sie sich nicht zu diesem Dienst, verweigert sie ihn gar, dann gebührt ihr alle Verachtung dieser Welt. Auch daran läßt diese Politik keinen Zweifel.

Schutz des ungeborenen Lebens
(Republikaner-Parteiprogramm, 1990, Deutschland)[169]

... das Leben zu schützen und zu bewahren
(Junge Freiheit, 1992, Deutschland)[170]

Wir wollen die Erhaltung des deutschen Volkes und den Schutz des ungeborenen Lebens
(Republikaner-Flugblatt, 1989, Deutschland)

Vorrang für das Leben ... es fehlen jährlich 150 000 Franzosen ...
(Programme du Front National, 1985, Frankreich)[171]

Das demographische Überleben des französischen Volkes sichern, das bedeutet, die französische Fruchtbarkeit, nicht die ausländische Fruchtbarkeit zu ermutigen
(Programme du Front National, 1985, Frankreich)[172]

... man kann die Ablehnung eines Kindes als eine neue Form des Streiks betrachten: man hört auf zu »produzieren«...
(Le Gallou, 1984, Frankreich)[173]

Eine egoistisch-materialistische Denkweise der bundesrepublikanischen Alles-ist-erlaubt-Gesellschaft ... jedem dritten Kind wird durch Abtreibung, d. h. durch Tötung im Mutterleib, das Lebensrecht verweigert
(Europa Vorn, 1989, Deutschland)[174]

Vom Soldaten wird Pflichterfüllung bis zur Hingabe des Lebens verlangt
(NPD, 1970, Deutschland)[175]

Der Zugriff auf alles verfügbare Leben im eigenen Gebiet ist Gebot geopolitischer Mobilmachung. Der zukünftige Weltmachterfolg beginnt schon im Mutterleib. Wenn rechtsextreme (Außen-)Politik **das ungeborene (menschliche) Leben schützen und bewahren will,** dann nur im Interesse, alles menschliche Leben, auch das noch nicht geborene, als Mittel dieser Politik verfügbar zu machen und zu bewahren – das fordert die nationale Zukunftsplanung. Dieses Interesse läßt sich so schön als Interesse am menschlichen Leben an sich, als Interesse an Humanität und Humanismus darstellen: rechtsextreme Politik als Parteigängerin der Menschheit und der Menschlichkeit?

Vater dieses Schutzes allen menschlichen Lebens ist der geopolitische Nachwuchswunsch. Schutz des menschlichen Lebens an sich ist nicht Zweck, nicht Ziel, nicht Aufgabe dieser Politik. Der geopolitische Schutz des (ungeborenen) menschlichen Lebens dient einer ganz anderen Zwecksetzung: der **Erhaltung des Volkes,** der demographischen Mobilmachung benutzbarer Bevölkerungsmasse für die außenpolitische Machtentfaltung. Im **Lebensrecht des Kindes** reklamiert Geopolitik *ihr* (»Lebens-«)Recht, das Recht auf verfügbaren Nachwuchs. **Vorrang für das Leben** meint: Vorrang für das Leben und erfolgreiches Wirken der Nation. Der Schutz menschlichen Lebens kürzt sich auf die statistischen Hochrechnungen von erwünschten Geburtenraten und zu **bekämpfenden sinkenden** (nationalen) **Fruchtbarkeitsraten** zusammen. Der Schutz menschlichen Lebens dient der nationalen demographischen Verfügbarkeit über menschliches Leben. Diese Politik schützt nicht menschliches Leben an sich, sondern sorgt dafür, die eigenen, die nationalen Geburten- und Fruchtbarkeitsraten zu erhöhen. Das Geburtenverhalten in anderen Ländern, bei der geopolitischen Konkurrenz, verfolgt sie so aufmerksam wie mißtrauisch.

Weil diese Politik über alles menschliche Leben in seinem Bereich verfügen will, auch über das noch nicht geborene, ist dieser Schutz menschlichen Lebens alles andere als bescheiden; die ganze, auch die noch nicht geborene Bevölkerungsmasse verpflichtet sie auf den geopolitischen Dienst. Die Unbescheidenheit dieses Anspruchs schärft den Blick für die moralische Verachtung. Da ist der frauliche Wunsch, für sich keine Kinder zu wollen, eine **Ablehnung des Kindes,** mehr noch: **eine neue Form des Streiks ... man hört auf, zu produzieren (!)** – ein Hinweis, der zugleich klärt, welche Stellung diese Politik zum männlichen Teil der Bevölkerungsmasse einnimmt, welche Dienste sie vom Mann verlangt. Darüber hinaus: ein Kind nicht wollen, das geht nur aus niederen, aus moralisch verwerflichen Gründen – deren Verwerflichkeit liegt darin, dem Hoheitsanspruch auf alles menschliche (ungeborene) Leben den Dienst zu versagen. **Kriminell** ist diese Verweigerungshaltung, ein Verbrechen an der geopolitischen Planung, Steuerung und Kontrolle der Geburten- und Fruchtbarkeitsraten. Und in all diesen Verachtungs- und Verdammungsurteilen gesteht diese Politik nur ein: fraulicher Nachwuchswunsch und außenpolitischer Kinder- und Nachwuchswunsch sind keineswegs deckungsgleich, schon gar nicht »von Natur aus«. Gerade weil fraulicher Wunsch und private Nachwuchsplanung mit dem geopolitischen Interesse an verfügbarer Bevölkerungsmasse unmittelbar nichts gemein haben, gerade deshalb müssen sie mit dem geopolitischen Nachwuchswunsch deckungsgleich gemacht werden. Gesetze allein würden nicht genügen. Eine moralische Verachtungskampagne hat dem fraulichen Wunsch die Schwere seiner Abweichung und seines Vergehens klarzumachen. Und das entsprechende, inquisitorische Verfolgerklima, das dann herrschen wird, sollte diese Politik die Macht übernehmen und Gesetze und öffentliche Moral entsprechend betätigen, wird schon von sich aus dafür sorgen, daß sich jedes Mädchen und jede Frau mehr als zweimal überlegt, ob sie dem geopolitischen Kinderwunsch den fälligen Dienst verweigert.

Geopolitischer Schutz des ungeborenen Lebens schützt menschliches Leben, um es hoheitlicher Verfügungsgewalt und deren außenpolitischer Berechnung zu unterstellen. Da ist es kein Widerspruch, sondern folgt derselben Logik, wenn dieser Schutz allen menschlichen Lebens dieses auch zur letzten Pflichterfüllung, **bis zur Hingabe des Lebens** zwingt: Schutz des menschlichen Lebens, um es notfalls preiszugeben. Diese Hingabe ist besonderes Privileg des Mannes im Dienste dieser Politik. Aber ausgenommen von diesem Privileg letzter Dienste sind Frauen und Kinder überhaupt nicht.

Wird das deutsche Volk jetzt abgetrieben?
(Nationalzeitung, 1992, Deutschland)[176]

... Abtreibungsgesellschaft ... Opfer des Abtreibungswahns ... in erster Linie die Frauen
(Junge Freiheit, 1992, Deutschland)[177]

Gegen Freiraum des Tötens ... Tötung im Mutterleib ... BABYCAUST
(Junge Freiheit, 1992, Deutschland)[178]

Ist der Embryo ein Mensch?
(Junge Freiheit, 1992, Deutschland)[179]

Grundsätzlich ist jede Abtreibung zu verbieten und unter Strafe zu stellen. Ausnahmen bei strenger Prüfung können gemacht werden ...
(Republikaner-Parteiprogramm, 1992, Deutschland)[180]

Die Folgen der ... Abtreibungsgesetze haben zahlenmäßig das Ausmaß eines riesigen Genozids angenommen ...
(Lorenzener Erklärung, 1989, Österreich)[181]

... Legalisierung der Abtreibung ... antifranzösischer Völkermord
(Le Pen, 1984, Frankreich)[182]

Wahrlich ein Massenmord auf Krankenschein, dessen Dimension das Grauen des anderen, historischen »Holocaust« – dahingestellt, was damals wirklich geschah – ebenbürtig ist
(Deutsche Rundschau, 1991, Deutschland)[183]

Geopolitischer demographischer Mobilmachung ist es ein ärgerliches Dilemma, daß es allemal noch die Frau ist, die den nationalen Kinderwunsch auszutragen hat: die letzte Entscheidung darüber, ob ein Kind sein soll, liegt im fraulichen Willen. Nicht Geopolitik, die Frau ist das alles entscheidende Subjekt über Nachwuchswunsch und Geburtenverhalten. Der Erfolg der weltmachtfähigen demographischen Mobilmachung hängt im Grunde vom fraulichen Willen ab. Das widerspricht dem geopolitischen Verfügungsrecht auf menschliches Leben und menschlichen Nachwuchs. So belassen wäre die hoheitliche Verfügbarkeit ad absurdum geführt. Denn Geopolitik begreift sich als legitimes, als höchstes, als eigentliches und bestimmendes Subjekt ihrer Bevölkerungspolitik, ihrer demographischen Mobilmachung. Und da unmittelbarer und ständiger physischer oder gesetzlicher Zwang sicherlich kein ausreichendes Instrument solcher Mobilmachung ist, so muß der frauliche Wille mit anderen Methoden beeinflußt, gebeugt, politisch beherrschbar und kontrollierbar gemacht werden: moralische Geringschätzung, Verachtung, Herabwürdigung des fraulichen Willens, wenn der nicht will, was Geopolitik will; Verwandlung der Gesellschaft in eine inquisitorische Verachtungs- und Verfolgergemeinschaft – ein Mittel, das auch sonst zur Ausgrenzung anderer, nicht erwünschter Bevölkerungsteile gute Dienste leistet; Einsatz aller nur denkbaren sprachpolitischen Techniken der moralischen Verachtung und Ausgrenzung. Solches moralische (Verfolger-)Klima macht aus dem Wunsch, keine Kinder zu haben: **Ablehnung des Kindes,** einen **kriminellen** Akt gegen das »Lebensrecht« der Nation auf menschlichen Nachwuchs.

Ist dieses moralische Verachtungs- und Verfolgerklima einmal hergestellt, dann geht die Erinnerung daran, daß dem außenpolitischen, dem rechtsextremen Schutz des menschlichen Lebens das Abtreibungsverbot ein Instrument der bevölkerungspolitischen Mobilmachung und sonst nichts ist, verloren; dann verwandeln sich alle Gründe, warum fraulicher Wille sich für den Schwangerschaftsabbruch entscheidet, unterderhand in einen **Abtreibungswahn**; ganz als sei es Ziel und Zweck des Mädchens oder der Frau, Kinder abzutreiben; dann wird die ganze Gesellschaft zur **Abtreibungsgesell-**

schaft, als sei Schwangerschaftsabbruch jedermanns Ziel und Vergnügen; dann kann allen Ernstes gefragt werden: **Wird das deutsche (!) Volk jetzt abgetrieben?**; dann kann man fragen: **Ist der Embryo ein Mensch?** – und niemandem mehr will dann auffallen, daß die Frage nur rhetorisch gestellt ist, also gar nicht ernst gemeint ist; daß diese Frage gar keine Antwort in der Anthropologie, Biologie, Genetik, Medizin, Ethik, Philosophie und Religion sucht; daß diese rhetorische Frage diese Disziplinen als Rechtfertigung in den Dienst nehmen will, nur um die (außen)politisch längst entschiedene Antwort auch nach innen überzeugend und unausweichlich zu machen – für das Verachtungsurteil. Und ist es einmal so weit, dann werden Mädchen und Frauen, die sich für einen Schwangerschaftsabbruch entscheiden, zu Verbrecherinnen, zu Mörderinnen, zu Killerinnen. Dann gilt der Schwangerschaftsabbruch als **Mord,** als **Völkermord,** als **riesiges Genozid;** dann ist der Schwangerschaftsabbruch gleichgesetzt mit der politisch inszenierten Vernichtung von Menschen, die nationalem Interesse und außenpolitischem Erfolg als hinderlich, als störend, als verdächtig, als unnütz, als gänzlich überflüssig und unbrauchbar erscheinen. Dann kann man auch bedenkenlos Mädchen und Frauen mit Gestapo und SS vergleichen: **BABYCAUST.** Der Vergleich und die Gleichsetzung mit Auschwitz muß bei solcher Sprachpolitik nicht mehr ausführlich betont werden: Das moralische Bewußtsein leistet das schon ganz alleine, »automatisch«, wie von selbst.

Das Verachtungs- und Verfolgungsklima nach innen erst einmal errichtet und durchgesetzt, kann demographische Mobilmachung fraulichen Willen beeinflussen, ja erfolgreich beugen. Die Verwandlung der Bevölkerungsmasse in eine Verachtungs- und Verfolgergemeinschaft ist Teilmoment und Instrument der demographischen Mobilmachung. So, mit dem Abtreibungsverbot zusammen, wird Geopolitik womöglich doch noch: das alles- und letztentscheidende Subjekt der Steuerung und Kontrolle seiner nationalen Fruchtbarkeits- und Geburtenraten. Um den Schutz menschlichen Lebens an sich geht es geopolitischer Abtreibungspolitik ebensowenig wie um den kosmopolitischen, ganz unpatriotischen Standpunkt der Menschheit und der Humanität. Dieser Schutz des ungeborenen (menschlichen) Lebens dient dem weltmachtpolitischen Interesse und seinem Bedarf an verfügbarer Bevölkerungsmasse. Darum heißt es auch: **Wird das deutsche** (!) **Volk,** die deutsche **Bevölkerungsmasse** abgetrieben? Oder, anders ausgedrückt: Schwangerschaftsabbruch ist Vaterlandsverrat, **antifranzösischer** (!) **Völkermord.** Und Mädchen und Frauen, die eine Schwangerschaft abbrechen wollen, dürfen sich dann zu den Feinden der Nation zählen, zusammen mit all den anderen, die als Feinde der Nation gelten und dingfest gemacht werden.

Die Wanderungsbewegungen . . ., Ausdruck der aggressiven Antriebe der Völker, entstammen zunächst ihrer Demographie

(du Verdrier, 1991, Frankreich)[184]

Keines dieser Länder (der 3. Welt) versucht die Geburtenraten zu unterbinden . . . die islamischen Führer vernachlässigen die Wirtschaft und machen aus der demographischen Vitalität eine Waffe, um die Welt zu erobern

(du Verdrier, 1991, Frankreich)[185]

Wir lehnen es ab . . ., unser Geburtendefizit durch die Einbürgerung von Ausländern, die meist noch einer sozialen Unterschicht angehören, auszugleichen

(Lorenzener Erklärung, 1989, Österreich)[186]

Deutscher Ethno-Mix: immer mehr Mischehen . . . multikulti-Ehen

(Deutsche Rundschau, 1992, Deutschland)[187]

. . . der demographische Niedergang der weißen Welt

(Le Gallou, 1984, Frankreich)[188]

Wir glauben an die Überlegenheit der westlichen Zivilisation, an die Notwendigkeit ihrer weltweiten Autorität . . .

(Le Pen, 1984, Frankreich)[189]

Geopolitischer Schutz menschlichen Lebens will die Verfügbarkeit über eine ihm unterstehende Bevölkerungsmasse. Fruchtbarkeits- und Geburtenraten anderer Länder, besonders der nichteuropäischen, der Dritten Welt, sind nicht zu schützen, sondern zu bekämpfen – nicht weil diese Raten so hoch sind, sondern weil sie der eigenen Verfügbarkeit nicht unterstehen. Hier im eigenen Land, sind hohe Fruchtbarkeits- und Geburtenraten erwünscht, nicht dort, anderswo, erst recht nicht in der Dritten Welt. Darum gelten hohe Geburtenraten hier als Inbegriff der Humanität, dort als **Ausdruck der aggressiven Antriebe der Völker.** Mehr noch: **Die islamischen Führer etwa machen aus den hohen Geburtenraten eine Welteroberungswaffe,** ganz ohne ABC-Potential, indem sie ihre Bevölkerungsmassen systematisch verdursten und verhungern lassen und die noch Überlebenden dadurch zur »Wanderschaft« nach Europa, in die **weiße (!) Welt,** zu den **weißen (!) Nationen** (Le Pen) zwingen. Hunger- und Armutsflüchtlinge sind nämlich, näher betrachtet, strategische Brückenköpfe der Dritten Welt und ihrer (islamischen, afrikanischen, asiatischen ...) Welteroberungspläne. Und diese ziemlich originelle Welteroberungswaffe zeitigt erste Erfolge: **Immer mehr Mischehen ... multi-kulti-Ehen.** So wird die eigene Bevölkerungsmasse unterwandert durch nichtpatriotische Bevölkerungselemente, **die meist noch einer sozialen Unterschicht angehören.** Der demographische und sonstige **Niedergang der weißen Welt** ist so gut wie beschlossen. Gedacht war alles ganz anders: **Wir glauben an die Überlegenheit der westlichen Zivilisation, an die Notwendigkeit (!) ihrer weltweiten (!) Autorität (!).** Geopolitik und die ihr immanente wirtschaftliche und politische weltweite Expansion sind »Naturrecht« und alleiniges Vorrecht der ersten, der weißen Welt. Dem dient die demographische Mobilmachung samt Indienstnahme von Frau, Mann, Kind und **patriotischem** Schutz des (ungeborenen) menschlichen Lebens – einschließlich Hingabe des heiligen und unantastbaren menschlichen Lebens für letzte außenpolitische Dienste.

18. Konzentrationslager, Hiroshima

... ich sage nicht, die Gaskammern haben nicht existiert ... aber ich glaube, das ist ein Detail in der Geschichte des 2. Weltkrieges

(Le Pen, 7. 12. 1989, Frankreich)[190]

... wie Hiroshima ein Detail der Geschichte des Luftkrieges ist: schreckliches Detail ..., aber ein Detail

(Le Pen, 28. 2. 1990, Frankreich)[191]

Wenn Sie so wollen, dann war es halt Massenmord

(J. Haider, 1985, Österreich)[192]

Die Deutschen haben der Menschheit viel mehr gegeben, als Auschwitz je kaputtmachen kann

(F. Schönhuber, 1989, Deutschland)[193]

Deutschland selbst ist nicht zu vernichten

(Republikaner-Programm, 1990, Deutschland)[194]

Jugend Europas ...: Laßt die Toten die Toten begraben!

(Le Pen, 1989, Frankreich)[195]

Dieses Lied spricht von der größten Lüge der Geschichte: 6 Millionen angeblich vergaste Juden

(oi-Musik der Gruppe No Remorse, Großbritannien/Belgien)[196]

Der Holocaust ist eine Lüge, Verbrennungsöfen und Gaskammern hat es niemals gegeben

(Ein italienischer Skinhead, 1992, Italien)[197]

Der europäische Rechtsextremismus hat Großes vor: Mit Europa soll zugleich die eigene Nation Weltmacht werden. Allein schon vor der Größe dieser Aufgabe verblassen Gaskammern, Konzentrationslager und andere »Leistungen« der Vergangenheit Europas und des Abendlandes zu **Details** (Le Pen) in der Geschichte. Und angesichts der »notwendigen« Bewaffnungen der europäischen Nationen im weltweiten Kampf um Weltmachtpositionen, gilt dem Rechtsextremismus Hiroshima auch nicht mehr als nur ein **Detail** – als **ein Detail in der Geschichte des Luftkriegs** zumal: Was bedeutet schon Hiroshima im Vergleich zur »Notwendigkeit«, Europa mit den wirksamsten militärischen Mitteln und Waffen zu versorgen?

Aber mit Waffen allein wird Europa niemals **allererste Weltmacht des 21. Jahrhunderts.** Europäischer Nationalstolz, europäischer Patriotismus ist gefordert. Und der Stolz auf Europa, der **Stolz auf die zivilisatorischen Leistungen des Abendlandes,** wie es in rechtsextremer Sprache heißt, dieser Stolz verlangt ein besonderes Verhältnis zur Vergangenheit. Da darf die Sache, die eigene Nation und ihr Selbstbewußtsein nicht dauernd durch die Last oder Schuld der Vergangenheit belästigt oder behindert werden. Der europäische Nationalstolz, der die Sache achten und verehren soll, blickt nach vorne, nicht zurück. **Zukunftsglauben** hat Patriotismus zu lehren, **zukunftsorientiert** (J. Haider) hat er zu sein. Und überhaupt braucht sich der europäische Nationalstolz, auch in seiner deutschen, französischen, österreichischen . . . Unterabteilung, von niemandem mehr etwas bieten zu lassen: denn z. B. **die Deutschen haben der Menschheit mehr gegeben als Auschwitz je kaputtmachen kann** (F. Schönhuber). Außerdem ist die eigene Nation so großartig und einzigartig, daß sie ohnehin unsterblich ist: **Deutschland selbst ist nicht zu vernichten,** heißt es deshalb. Der europäische Nationalstolz braucht sich durch nichts und von niemandem mehr belehren zu lassen. Am allerwenigsten von der Vergangenheit. Die Jugend Europas soll, damit ihr Patriotismus für die Zukunft Europas und die Zukunft der Nation benutzt werden kann, die Vergangenheit auf sich beruhen lassen: **laßt die Toten die Toten begraben.** So wird europäischer und nationaler Stolz frei, unbefangen und unbehelligt von jeder lästigen Erinnerung an die Vergangenheit. Er wird buchstäblich: un-verschämt. Dann kann europäischer Patriotismus auch verkünden: **Ich war dabei** (F. Schönhuber) und kann dabei so ungemein wichtige wie feinsinnige Unterscheidungen zwischen Waffen-SS und jenen einführen, die in den Konzentrationslagern die ethnische, d. h. patriotische Säuberung mit letzter Konsequenz vorangetrieben haben.

Kein Wunder, wenn so mancher Zeitgenosse noch extremere Schlüsse zieht. Er meint, so richtig frei, unbehelligt und nützlich ist europäischer Nationalstolz erst dann, wenn er die Vergangenheit gleich so umschreibt, daß absolute Makellosigkeit die Sache ehrt. So manches rechtsextreme Schrifttum rechnet dann allen Ernstes daran herum, wie viele Menschen, Juden vor allem, denn nun **tatsächlich** durch nationalsozialistische Politik umgekommen seien. Andere rechtsextreme Schriften behaupten, Gaskammern und Konzentrationslager habe es gar nicht gegeben. Folter in ehemaligen französischen, belgischen, italienischen oder holländischen Kolonien werden bestritten oder verharmlost. Von der **6-Millionen-Juden- oder Auschwitz-Lüge** ist in diesen Schriften die Rede. Selbsternannte oder echte Professoren der Geschichte reisen quer durch Europa und in alle Welt, einzig mit der Aufgabe betraut, die Vergangenheit so umzuschreiben, daß der europäische Nationalstolz geweckt, gepflegt und kultiviert werden kann. **Revisionistische Geschichtsschreibung** heißt dieses Unternehmen. Da werden in Deutschland, in Frankreich, in Belgien, in Österreich, in Großbritannien und anderswo in Europa irgendwelche Dokumente verfertigt, die den europäischen Nationalstolz von jeglicher Erinnerung, von jeglicher Last, von jeglicher Schuld in der Vergangenheit befreien sollen: Gaskammern, Auschwitz, Mauthausen ... darf es nicht gegeben haben: rechtsextreme **Vergangenheitsbewältigung.**

In vielen europäischen Ländern verbieten Gesetze die rechtsextreme Umschreibung der Vergangenheit. Aber wirkungslos bleiben diese Verbote vermutlich solange, solange der weltmachttaugliche europäische Nationalstolz der eigentliche Grund für diese Umschreibungsversuche ist. Der neu erwachte, niemals gestorbene Antisemitismus in allen europäischen Ländern bestätigt es; er ist nämlich nur die andere Seite, das andere Gesicht des neuerwachten, selbstbewußt gewordenen europäischen und nationalen Stolzes oder Patriotismus.

19. Schluß: Das Glück der Menschen

... gegen den Irrtum, die Schule könne die Kinder lehren, glücklich zu werden

(9 Thesen Mut zur Erziehung, 1981, Deutschland)[198]

... ist der Traum vom Paradies auf Erden ausgeträumt ..., der Traum vom angenehmen Leben und ewigen Frieden

(Der Republikaner, 1989, Deutschland)[199]

Der Staat ist nicht dazu bestimmt, das Glück der Menschen zu machen, sondern das Überleben der Nation zu sichern

(Programme du Front National, 1984, Frankreich)[200]

Rechtsextreme Politik läßt darüber, was sie vorhat, im Grunde keine Zweifel aufkommen. Sie will die eigene Nation überlegen machen, zur Weltmacht bringen. Das begreift sie als den Inhalt, als die Aufgabe, als die Mission aller Politik. Das Glück der Menschen, ein angenehmes Leben und einen vernünftigen Frieden, der keine Waffen braucht, will diese Politik nicht. Deshalb verfabelt sie das Vernünftige in das Reich der Unmöglichkeit, in das Reich der Utopie. Man kann das auch so sagen: Wer sein eigenes Glück will, der kann diese Politik nicht wollen.

Anmerkungen

1 Editions Nationales, Rapport du Verdrier – Éléments de réflexion sur la Défense de la France, Paris 1991, S. 8
2 Schmitt, C., Der Begriff des Politischen, Neudruck des Textes von 1932, Berlin 1963, S. 33
3 Bruno Mégret in: tageszeitung (taz), Berlin, 7. 12. 1988
4 Le Pen, J. M., Europe, Discours et interventions, 1984–1989, Paris 1989, S. 125 f.
5 NPD, Wertheimer Manifest am 15. 2. 1970
6 In: Levitas, The Ideology of the New Right, London 1986, S. 115
7 Programme du Front National, Paris 1985, S. 120
8 Deutsche Rundschau, Nr. 4, Landshut, April 1992, S. 4
9 Republikaner, Dinkelsbühler Erklärung, München 1989
10 Die Republikaner, Programm 1987, München 1987, S. 3
11 In: Deutsche Wochen-Zeitung, München, 7. 12. 1990
12 In: Galanda, B., Ein teutsches Land, die rechte Orientierung des Jörg Haider, Wien 1987, S. 57 f.
13 In: Aula, Nr. 10, Wien 1989, S. 23
14 Die politischen Leitlinien der Schweizer Auto Partei, in: Tacho, Nr. 35, 4. Jahrgang, Küsnacht (CH) 1989, S. 21
15 In: CelsiuS, Nr. 13, Bruxelles, novembre 1988, S. 18
16 Le Pen, La France est de retour, Paris 1985, S. 155
17 Le Pen, La France est de retour, a.a.O., S. 256
18 Schmitt, C., Der Begriff des Politischen, a.a.O., S. 29
19 In: Junge Freiheit, Nr. 10, 6. Jahrgang, Stegen, Oktober 1991, S. 15
20 Programme du Front National, Paris 1985, S. 5
21 In: Girardet, R., Le nationalisme français, Évreux 1983, S. 207
22 Le Gallou, J.-Y., Les racines du futur – demain la France, Paris 1984, S. 131
23 Le Pen, J. M., Europe Discours et interventions, a.a.O., S. 9
24 Le Pen, J. M., La France est de retour, a.a.O., S. 289
25 Schönhuber, F., Freunde in der Not, München 1983, S. 126
26 In: Neue Praxis aktuell, Neuwied, Februar 1982, S. 6
27 In: Galanda, B., Ein teutsches Land, a.a.O., S. 81
28 In: Fischer, G./Gstettner, P. (Hrsg.), Am Kärntner Wesen könnte diese Republik genesen, Klagenfurt 1990, S. 79
29 In: MRAX-Information, Nr. 53, Bruxelles, décembre 1988, S. 26
30 Club de l'Horloge, L'identité de la france, Paris 1985, S. 15
31 »Der Republikaner«, Nr. 4, 5. Jahrgang, München 1988
32 »Der Republikaner«, Nr. 9, 9. Jahrgang, Bonn, September 1992, S. 4
33 In: Aula, Nr. 10, Wien 1989, S. 21
34 In: Junge Generation in der SPÖ (Hrsg.), Von Hitler zu Burger? Zur Geschichte, Ideologie und Rechtssituation der NDP, Wien 1981, S. 22
35 In: »Der Republikaner«, 7. Jahrgang, München, November/Dezember 1990, S. 18
36 Programme du Front National, a.a.O., S. 117
37 Le Pen, J. M., Europe Discours et interventions, a.a.O., S. 144
38 In: Deutsche Rundschau, Nr. 9, Landshut, September 1991, S. 4
39 In: Le Monde, Paris, 16. 2. 1990
40 Sieg, Nr. 1, 19. Jahrgang, Lochau 1990, S. 20
41 In: Neue Praxis aktuell, Neuwied, Februar 1982, S. 6
42 In: Midi Libre, Perpignan, 14. 4. 1990
43 In: Anne Frank Stichting, Politiek, Racisme in nederland, Amsterdam 1990, S. 12
44 »Der Republikaner«, Nr. 4, 7. Jahrgang, München 1990, S. 3
45 In: Deutsches Allgemeines Sonntagsblatt, Hamburg, 27. 10. 1989
46 In: Revue de la Presse, Bremen, Januar 1990, S. 1
47 In: Antifaschistisches Forum Köln, Köln, August 1989, S. 29
48 Holleindre, R., A tous ceux qui n'ont rien compris, Paris 1989, S. 76

49 Schmitt, C., Der Begriff des Politischen, a.a.O., S. 37 u. S. 27
50 In: Le Monde, Paris, 30. 3. 1990
51 In: Galanda, B., Ein teutsches Land, a.a.O., S. 42
52 Le Pen, J. M., Europe Discours et interventions, a.a.O., S. 118
53 Le Pen, J. M., l'Espoir, Paris 1989, S. 9
54 In: Süddeutsche Zeitung, München, 12. 4. 1990 u. 20. 4. 1990
55 In: Süddeutsche Zeitung, München, 12. 10. 1991
56 Sieg, Nr. 7, 18. Jahrgang, 1989, S. 6
57 Schmitt, C., Der Begriff des Politischen, a.a.O., S. 34
58 Ebd., S. 29
59 Ebd., S. 35
60 »Der Republikaner«, Nr. 1, 9. Jahrgang, Bonn, Januar 1992, S. 6
61 Europa Vorn, Nr. 5, 3. Jahrgang, Köln 1990, S. 11 ff.
62 Éditions Nationales, Militer au Front, Paris 1991, S. 45 f.
63 Le Pen, J. M., l'Espoir, a.a.O., S. 108
64 »Der Republikaner«, Nr. 1, 9. Jahrgang, Bonn, Januar 1992, S. 3
65 Club de l'Horloge, lettre d'information, Nr. 40, Qu'est – ce que la Nation, 4ème trimestre, Paris 1989, S. 8
66 Mégret, B., l'impératif du renouveau, Paris 1986, S. 33
67 In: Süddeutsche Zeitung, Magazin, Nr. 6, München, 7. 2. 1992, S. 29
68 Sieg, Nr. 1, 19. Jahrgang, Lochau 1990, S. 20
69 In: La Republicca, Rom, 26./27. 1. 1992, S. 2
70 In: Le Monde, Paris, 21. 2. 1992, S. 9
71 Forsthoff, H., Das Ende der humanistischen Illusion, Berlin 1933, S. 25
72 Parteiprogramm der Republikaner (Entwurf), Bonn 1990, S. 26
73 Le Pen, J. M., l'Espoir, a.a.O., S. 142
74 Republikaner, Parteiprogramm, Bonn 1990, S. 3
75 In: Aula, Nr. 10, Wien 1989, S. 21
76 In: Girardet, R., le nationalisme français, a.a.O., S. 66
77 Le Pen, J. M., Europe Discours et interventions, a.a.O., S. 110
78 In: Aula, Nr. 10, Wien 1989, S. 21
79 Le Pen, J. M., Les Français d'abord, Paris 1984, S. 25
80 Le Pen, J. M., Europe Discours et interventions, a.a.O., S. 9
81 Schönhuber, F., Trotz allem Deutschland, München 1987, S. 51
82 Benoist, Alain de, Kulturrevolution von rechts, Krefeld 1985, S. 81
83 In: Aula, Nr. 10, Wien 1989, S. 21 f.
84 In: Galanda, B., Ein teutsches Land, a.a.O., S. 64
85 In: Neue Freie Zeitung (NFZ), Nr. 22, Wien, 1. 6. 1989, S. 4
86 In: Le Monde, Paris, 31. 3. 1990
87 In: La Repubblica, Rom, 24. 1. 1992
88 In: Partisans, Nr. 58, Paris, mars/avril 1971, S. 41
89 Der Republikaner, Nr. 5, 9. Jahrgang, Bonn, Mai 1992, S. 6
90 Europa Vorn, Nr. 5, 3. Jahrgang, Köln, Januar 1990, S. 4
91 Die Republikaner, Programm 1987, München 1987, S. 1
92 In: Girardet, R., le nationalisme français, a.a.O., S. 65 f.
93 Le Pen, J. M., Europe Discours et interventions, a.a.O., S. 110
94 Europa Vorn, Nr. 5, 3. Jahrgang, Köln 1990, S. 5
95 In: Galanda, B., Ein teutsches Land, a.a.O., S. 76
96 In: Girardet, B., le nationalisme français, a.a.O., S. 201
97 Club de l'Horloge, lettre d'information, Nr. 40, a.a.O., S. 5
98 Schönhuber, F., Freunde in der Not, a.a.O., S. 201
99 In: Demokratischer Informationsdienst, Nr. 10, München 1989, S. 24
100 Le Pen, J. M., Les Français d'abord, a.a.O., S. 76
101 Schönhuber, F., Trotz allem Deutschland, a.a.O., S. 253
102 Europa Vorn, Nr. 4, 2. Jahrgang, Köln 1989, S. 3
103 In: Antifaschistisches Forum Köln, a.a.O., S. 31
104 Die Republikaner, Programm 1987, München 1987, S. 12
105 In: Deutsche Rundschau, Nr. 9, Landshut, September 1991, S. 4
106 Mégret, B., in: Le Monde, Paris, 5. 11. 1991

107 Le Pen, J. M., Les Français d'abord, a.a.O., S. 181
108 Programme du Front National, a.a.O., S. 129
109 Le Pen, J. M., Les Français d'abord, a.a.O., S. 177 f.
110 Le Pen, J. M., La France est de retour, a.a.O., S. 80
111 Die Republikaner, Programm 1987, München 1987, S. 1
112 Der Republikaner, Sonderausgabe II, München 1990, S. 2
113 Le Pen, J. M., Les Français d'abord, a.a.O., S. 181
114 Club de l'Horloge, lettre d'information Nr. 40, a.a.O., S. 12
115 Die Republikaner, Dinkelsbühler Erklärung, München 1989
116 Schmitt, C., Der Begriff des Politischen, a.a.O., S. 41
117 Éditions Nationales, Militer au Front, a.a.O., S. 47
118 In: Le Monde, Paris, 25. 1. 1991
119 Junge Freiheit, Nr. 10, 7. Jahrgang, Freiburg, Oktober 1992, S. 3
120 In: »Der Republikaner«, 7. Jahrgang, München, November/Dezember 1990, S. 3
121 Freiheitlicher Pressedienst der FPÖ, Folge 333, Eisenstadt 1989
122 Flugblatt der F.E.L.E.S., Luxembourg, septembre 1987
123 In: CelsiuS, Nr. 13, Bruxelles, novembre 1988, S. 18
124 Le Pen, J. M., Le Pen '90 analyses et propositions, Paris 1991, S. 20
125 Benoist, Alain de, Kulturrevolution von rechts, a.a.O., S. 129
126 Parteiprogramm der NPD, 1978
127 Le Pen, J. M., Europe Discours et interventions, a.a.O., S. 73 u. S. 148
128 Le Pen, J. M., Les Français d'abord, a.a.O., S. 164
129 Le Pen, J. M., Europe Discours et interventions, a.a.O., S. 144 u. S. 157
130 Ebd., S. 122
131 Le Pen, J. M., Les Français d'abord, a.a.O., S. 163
132 In: Galanda, B., Ein teutsches Land, a.a.O., S. 102
133 »Der Republikaner«, Nr. 5, 7. Jahrgang, München 1990, S. 6
134 Le Pen, J. M., Europe Discours et interventions, a.a.O., S. 154
135 Programme du Front National, a.a.O., S. 138
136 Le Pen, J. M., Europe Discours et interventions, a.a.O., S. 112
137 Le Pen, J. M., Les Français d'abord, a.a.O., S. 240
138 Junge Freiheit, Nr. 10, 7. Jahrgang, Freiburg, Oktober 1992, S. 3
139 Mégret, B., L'impératif du renouveau, a.a.O., S. 58
140 Le Pen, J. M., Europe Discours et interventions, a.a.O., S. 112
141 Ebd., S. 85
142 Programme du Front National, a.a.O., S. 135
143 Le Pen, J. M., Les Français d'abord, a.a.O., S. 94
144 Le Pen, J. M., l'Espoir, a.a.O., S. 18
145 Programme du Front National, a.a.O., S. 137
146 In: Neue Praxis aktuell, a.a.O., S. 7
147 Le Pen, J. M., Europe Discours et interventions, a.a.O., S. 126
148 Schönhuber, F., Trotz allem Deutschland, a.a.O., S. 38
149 Der Völkerfreund, Nr. 2, Wien 1989, S. 6
150 Programme du Front National, a.a.O., S. 125
151 Mégret, B., L'impératif du renouveau, a.a.O., S. 53
152 In: Neue Praxis aktuell, a.a.O., S. 6
153 Deutsche Rundschau, Nr. 9, Landshut, September 1991, S. 4
154 Junge Freiheit, Nr. 10, 7. Jahrgang, Freiburg, 1992, S. 3
155 Le Pen, J. M., Europe Discours et interventions, a.a.O., S. 148
156 Mégret, B., L'impératif du renouveau, a.a.O., S. 67 f.
157 In: Aula, Nr. 10, Wien 1989, S. 22
158 In: Junge Generation in der SPÖ, Von Hitler zu Burger?, a.a.O., S. 29
159 Die Republikaner, Parteiprogramm, Bonn 1990, S. 20
160 Le Pen, J. M., Les Français d'abord, a.a.O., S. 94
161 Der Republikaner, Nr. 9, 9. Jahrgang, Bonn, September 1992, S. 4
162 Le Pen, J. M., Les Français d'abord, a.a.O., S. 195
163 Mégret, B., L'impératif du renouveau, a.a.O., S. 61
164 In: Junge Generation in der SPÖ, Von Hitler zu Burger?, a.a.O., S. 29
165 Ebd.

166 Benoist, Alain de, Vue de Droite, Paris 1977, S. 345
167 Die Republikaner, Parteiprogramm, München 1987, S. 9
168 Die Republikaner, Parteiprogramm, Bonn 1990, S. 20
169 Republikaner, Parteiprogramm, Bonn 1990, S. 20
170 Junge Freiheit, Nr. 11, 2. Jahrgang, Freiburg, November 1992, S. 11
171 Programme du Front National, a.a.O., S. 132
172 Ebd., S. 138
173 Le Gallou, J.-Y., Les racines du future, a.a.O., S. 20
174 Europa Vorn, Nr. 4, 2. Jahrgang, Köln 1989, S. 13
175 NPD, Wertheimer Manifest am 15. 2. 1970
176 Nationalzeitung, Nr. 28, 42. Jahrgang, München, 3. 7. 1992, S. 3
177 Junge Freiheit, Nr. 7–8, 7. Jahrgang, Stegen, Juli/August 1992, S. 1
178 Junge Freiheit, Nr. 10, 7. Jahrgang, Freiburg, Oktober 1992, S. 19
179 Junge Freiheit, Nr. 11, 7. Jahrgang, Freiburg, November 1992, S. 11
180 Die Republikaner, Parteiprogramm, Bonn 1990, S. 20
181 In: Aula, Nr. 10, Wien 1989, S. 22
182 Le Pen, J. M., Les Français d'abord, a.a.O., S. 95
183 Deutsche Rundschau, Nr. 6, Landshut, Juni 1991, S. 4
184 Editions Nationales, Rapports du Verdrier, a.a.O., S. 35
185 Ebd., S. 41
186 In: Aula, Wien 1989, S. 22
187 Deutsche Rundschau, Nr. 4, Landshut, April 1992, S. 4
188 Le Gallou, J.-Y., Les racines du future, a.a.O., S. 17
189 Le Pen, J. M., Les Français d'abord, a.a.O., S. 73
190 In: Le Monde, Paris, 7. 12. 1989
191 In: Le Monde, Paris, 28. 2. 1990
192 In: Galanda, B., Ein teutsches Land, a.a.O., S. 37
193 In: Demokratischer Informationsdienst, Nr. 10, München 1989, S. 24
194 Die Republikaner, Parteiprogramm 1990 (Entwurf), Bonn 1990, S. 4
195 Le Pen, J. M., Europe Discours et interventions, a.a.O., S. 109
196 In: MRAX-Information, Nr. 53, Bruxelles, décembre 1988, S. 38
197 In: La Repubblica, Rom, 24. 2. 1992
198 In: Saage, R., Rückkehr zum starken Staat?, Frankfurt/Main 1983, S. 240
199 »Der Republikaner«, Nr. 8, 6. Jahrgang, München 1989, S. 9
200 Programme du Front National, a.a.O., S. 48 f.

Literatur

Neben einer Unzahl rechtsradikaler Flugblätter, Handzettel, Wurfsendungen, Zeitungsartikel, Heften etc., dienten vor allem folgende Schriften als Gegenstand der Untersuchung:

1. Bücher

Anne Frank Stichting, Politiek Racisme in Neederland, Amsterdam 1990

Benoist, Alain de, Kulturrevolution von rechts, Krefeld 1985

Benoist, Alain de, Vu de Droite, Paris 1977

Club de l'Horloge, L'identité de la France, Paris 1985

Éditions Nationales, Militer au Front, Paris 1991

Éditions Nationales, Rapport du Verdrier-Éléments de réflexions sur la défense de la France, Paris 1991

Fischer, G./Gstettner, P. (Hrsg.), Am Kärtner Wesen könnte diese Republik genesen, Klagenfurt 1990

Galanda, B., Ein teutsches Land – die rechte Orientierung des Jörg Haider, Wien 1987

Girardet, R., Le nationalisme français, Èvreux 1983

Holleindre, À tous ceux qui n'ont rien compris, Paris 1989

Le Gallou, J.-Y., Les racines du futur – demain la France, Paris 1984

Le Gallou, J.-Y., La préférence nationale – reponse à l'immigration, Paris 1985

Le Gallou, J.-Y., Bleu Blanc Rouge, Paris 1991

Le Pen, J. M., Les Français d'abord, Paris 1984

Le Pen, J. M., La France est de retour, Paris 1985

Le Pen, J. M., L'espoir, Paris 1989

Le Pen, J. M., Europe – discours et interventions 1984–1989, Paris 1989

Le Pen, J. M., Le Pen 90 – analyses et propositions, Paris 1991

Mégret, B., L'impératif du renouveau – les enjeux de demain, Paris 1986
Pour la France, Programme du Front National, Paris 1985
Schmitt, C., Der Begriff des Politischen, Neudruck des Textes von 1932, Berlin 1963
Schönhuber, F., Freunde in der Not, München 1983
Schönhuber, F., Trotz allem Deutschland, München 1987
Schönhuber, F., Ich war dabei, München 1989

2. Rechtsradikale Programme, Erklärungen, Zeitschriften

Deutschland

Credo, das Politische Magazin für Deutsche, Nr. 1, Landshut 1989
Deutsche Liga für Volk und Heimat – Gründungsprogramm, in: Deutsche Rundschau, Nr. 9, Landshut, September 1991
Deutsche Rundschau, Nr. 6, Landshut, Juni 1991
Deutsche Rundschau, Nr. 4, Landshut, April 1992
Deutsche Volksunion, Programm, München o. J.
Deutsche Wochenzeitung, Nr. 41, 33. Jahrgang, München, 5. Oktober 1990
Deutsche Wochenzeitung, Nr. 50, 33. Jahrgang, München, 7. Dezember 1990
Europa Vorn, Nr. 4, 2. Jahrgang, Köln 1989
Europa Vorn, Nr. 5, 3. Jahrgang, Köln 1990
Freiheitliche Arbeiter Partei (FAP): Wahlprogramm, o. O., o. J.
Heidelberger Manifest, in: Neue Praxis aktuell, 4. Jahrgang, Neuwied, Februar 1982
Junge Freiheit, Deutsche Zeitung für Politik und Kultur, Nr. 10, 6. Jahrgang, Stegen, Oktober 1991
Junge Freiheit, Nr. 4, 7. Jahrgang, Stegen, April 1992

Junge Freiheit, Nr. 7–8, 7. Jahrgang, Stegen, Juli/August 1992

Junge Freiheit, Nr. 10, 7. Jahrgang, Freiburg, Oktober 1992

Junge Freiheit, Nr. 11, 7. Jahrgang, Freiburg, November 1992

Nationaldemokratische Partei Deutschland (NPD), Programm (Wertheimer Manifest), 15. 2. 1970

Nationalzeitung, Nr. 28, 42. Jahrgang, München, 3. 7. 1992

Die Republikaner, Programm, München 1987

Die Republikaner, Dinkelsbühler Erklärung zur Europawahl, München 1989

Die Republikaner, Kommunalwahlprogramm Köln, in: Antifaschistisches Forum Köln, Köln, August 1989

Die Republikaner, Kommunal-Programm für die Stadtratswahl 1990, Augsburg 1990

Die Republikaner, Parteiprogramm 1990 (Entwurf), Bonn 1990

Die Republikaner, Das Parteiprogramm 1990 (in Auszügen), in: Der Republikaner, Extrablatt Bundestagswahl, 7. Jahrgang, München, November/Dezember 1990

»Der Republikaner«, Nr. 8, 6. Jahrgang, München 1989

»Der Republikaner«, Nr. 10, 6. Jahrgang, München 1989

»Der Republikaner«, Nr. 2, 7. Jahrgang, München 1990

»Der Republikaner«, Nr. 1, 9. Jahrgang, Januar 1992

»Der Republikaner«, Sonderausgabe II, München 1990

»Der Republikaner«, Nr. 5, 9. Jahrgang, Bonn, Mai 1992

»Der Republikaner«, Nr. 9, 9. Jahrgang, Bonn, September 1992

Österreich

»Halt«, Nr. 40, Wien, November 1987
»Halt«, Nr. 43, Wien, Mai/Juni 1988
»Halt«, Nr. 51, Wien, November/Dezember 1989
»Halt«, Nr. 52, Wien, Jänner/Februar 1990

FPÖ-Resolution zum Ausländer-Problem, in: Neue Freie Zeitung (NFZ), Nr. 51/52, Wien, 21. Dezember 1989
Freiheitlicher Pressedienst, Landesgruppe Burgenland, Folge 333, Eisenstadt 1989
Jörg Haider – Regierungserklärung, in: Neue Freie Zeitung (NFZ), Nr. 22, Wien, 1. Juni 1989
Lorenzener Erklärung, in: Die Aula, Nr. 10, Wien 1989

Programm der NDP (Auszüge), in: Junge Generation in der SPÖ (Hrsg.), Von Hitler zu Burger? Zur Geschichte, Ideologie und Rechtssituation der NDP, Wien 1981
»Sieg«, Nr. 7, 18. Jahrgang, Lochau 1989
»Sieg«, Nr. 1, 19. Jahrgang, Lochau 1990
»Sieg«, Nr. 2/3, 19. Jahrgang, Lochau 1990
»Der Völkerfreund«, Nr. 2, Wien 1989
»Der Völkerfreund«, Nr. 3, Wien 1989

Diverse

Club de l'Horloge, Lettre d'information, Nr. 21, l'identité nationale, 2 ème trimestre, Paris 1985
Club de l'Horloge, lettre d'information, Nr. 38, Europe des libertés – Europe des Patries, 2 ème trimestre, Paris 1989
Club de l'Horloge, lettre d'information, Nr. 40, Qu'est – ce que la Nation?, 4 ème trimestre, Paris 1989
Die politischen Leitlinien der Schweizer Auto-Partei, in: Tacho – für mehr Freiheit, Nr. 35, 4. Jahrgang, Küsnacht (CH), 1989